EDITORIAL
UNILIT

Los 7 SECRETOS de los Padres Eficaces

*Cómo llegar a ser el padre
que usted desea ser*

KEN R. CANFIELD

CENTRO NACIONAL DE LA PATERNIDAD

Publicado por
Editorial **Unilit**
Miami, Fl. 33172
© 1996 Derechos reservados

Primera edición 1996

Copyright © 1992 Por Ken R. Canfield
Publicado en inglés con el título: *The 7 Secrets of Effective Fathers*
Tyndale House Publishers, Inc.
Wheaton, Illinois

Cubierta diseñada: Alicia Mejías y Ximena Urra

Citas Bíblicas tomadas de la versión Reina Valera,
Revisión 1960 © Sociedades Bíblicas Unidas,
y La Biblia de las Américas
© 1986 The Lockman Foundation
La Habra, California 90631
Usadas con permiso.

Producto 497674
ISBN-1-56063-940-7
Impreso en Colombia
Printed in Colombia

Contenido

Para Aquel que elige padres en toda la tierra

AGRADECIMIENTOS

Este libro ha sido producido con las habilidades y los conocimientos de muchas personas. Con todo, hay ciertas personas indispensables que han contribuido al proceso del parto. Agradecido reconozco sus aportes. Primero, mi esposa Dee. Ella tiene un conocimiento y discernimiento que superan su edad. Ella me ha exhortado constantemente que la visión de equipar padres es la correcta para nuestra época. Segundo, Lowell Bliss y el personal del *National Center of Fathering* (Centro Nacional de la Paternidad). Lowell es uno de los jugadores clave que ha ayudado a dar forma a gran parte de nuestro material científico para que sea buen material de lectura. Brock Griffin ha hecho una valiosa contribución al editar y sentar el tono del escrito.

Judd Swihart, Suzan Hawkes, Ken Kennedy y Gary Klozenbucher han dado ánimo e información en forma consecuente en el transcurso de los años. Chuck Aycock, Blake Ashdown y Emerson Eggerichs han colaborado para asegurar que la investigación y la dirección del Centro Nacional de la Paternidad no sea un esfuerzo inútil.

A la editorial Tyndale House Publishers, (edición en inglés) por medio de la visión de Ron Beers y la estupenda edición de Ken Petersen, se ha extremado para hacer que este sea un libro importante. Estoy de acuerdo con las palabras de Pascal, cuando reflexiono en la investigación y escritos contenidos aquí: Ciertos autores, al hablar de sus obras, dicen, 'Mi libro', 'Mi comentario', 'Mi historia', etcétera... Mejor sería que dijeran 'Nuestro libro', 'Nuestro comentario', 'Nuestra historia', etcétera, porque en ellos suele haber más de otras personas que de ellos".

Y por último, a Editorial Unilit, que ha hecho posible esta edición en español.

Uno

Las voces de los padres eficaces

Son las 2:45 de la madrugada y estoy en mi oficina, sentado frente a la pantalla de la computadora, su brillo azulado es la única luz de la sala. Mis ojos están empezando a nublarse, así que los froto, luego vuelvo a enfocarlos. Estoy físicamente cansado pero mi mente está viva, estimulada por los números fosforescentes al frente de mis ojos. Lo que veo es absolutamente fascinante.

Cuatro mil voces de padres de todos los Estados Unidos de Norteamérica. Esa es la cantidad de hombres encuestados por el *National Center for Fathering* (Centro Nacional de la Paternidad). Sus reacciones, contestaciones, comentarios y experiencias están pintando cuadros estadísticos en el monitor de mi computadora.

Durante los últimos cinco años me he pasado incontables horas haciendo pruebas estadísticas, leyendo diversas revistas científicas e interactuando con otros profesionales que están trabajando con padres; y, sí, también he estado criando a mis cinco hijos. A menudo he pensado: *Ser padre no puede ser tan complicado; los hombres han estado haciéndolo durante siglos, ¿verdad?* Pero en cuanto formulo esa pregunta mi mente conjura cuadros de mis hijos en casa, reposando en sus camas. Veo a mi hija Hannah, que será una adolescente dentro de poco y sé que, a medida que ella madure y empiece a abrir sus alas, yo me veré enfrentado una de mis más difíciles épocas de padre. Pienso en los otros: Sarah, Joel y Micah. Me imagino a Rachel, respirando tranquilamente en su cuna.

Sí, ser padre *es* una tarea complicada que intimida. Mis hijos y tus hijos son seres humanos únicos creados a la imagen de Dios. Ellos están creciendo para tener sus propias vidas, algo que nosotros, como padres y madres, nunca podemos controlar por completo. Nuestra calidad de padres es aun más complicada en este mundo en que vivimos, con sus crecientes expectativas, sus estrecheces económicas y presiones que compiten. Nuestra calidad de padres es aun más complicada por las relaciones con nuestros propios padres, muchos de los cuales estuvieron físicamente ausentes o emocionalmente distantes.

Una vez le pedí a un grupo de hombres en un seminario sobre la paternidad, que definieran con una sola frase gráfica cómo se sentían respecto de ser padres. Un hombre escribió: "Me siento como un perro salchicha corriendo sobre mucha nieve".

¿Te puedes identificar? Yo puedo.

Esto me lleva de vuelta a la investigación con una urgencia aun mayor. Verás, entre todos los padres que el *National Center for Fathering* (Centro Nacional de la Paternidad) ha encuestado, ha habido una cantidad de hombres que son considerados por los profesionales, sus iguales, y sus iglesias como padres particularmente *eficaces*. Estos hombres no son psicólogos infantiles ni clérigos. Son papás igual que tú y yo pero se han tomado muy seriamente su papel de padres habiéndose destacado en ello. Son maestros artesanos. Yo escucho a estos hombres porque quiero su sabiduría y conocimientos sobre cómo puedo yo, también, llegar a ser un padre eficaz.

Hemos estudiado a estos hombres. En particular, hemos buscado aspectos del ejercicio de la paternidad en que estos papás eficaces tuvieron puntuaciones significativamente diferentes de todos los otros que tenemos en nuestro banco de datos. ¿Qué saben ellos que el resto de nosotros debiera saber? ¿Qué cosas han hecho ellos que nosotros podemos realizar en nuestras vidas?

El Centro Nacional de la Paternidad lo ha averiguado.

Hay ciertas cosas que los padres eficaces hacen diferente de todos los otros papás. Hay efectivamente siete cosas por lo menos. Las llamamos los siete secretos de los padres eficaces y, si las aprendemos, también nosotros podemos llegar a ser mejores padres.

Las frustraciones de los padres buenos

Aunque hay una plaga muy real e inquietante de falta de buena paternidad en nuestro país (ver el Apéndice B), la mayoría de los hombres con que me he puesto en contacto por medio del Centro Nacional, son capaces y de buenas intenciones. Trabajan con diligencia para pasar tiempo con sus hijos, expresarles su amor e impartirles sabia disciplina. Tienen un deseo real de triunfar con sus hijos y consideran que ellos son una parte importante de sus vidas.

Pero muchos de ellos son como mi amigo Eric. "Ken", me dijo, sentados ambos en el porche mirando a nuestros hijos jugar en el parque del frente, "*no* tengo idea de lo que estoy haciendo cuando se trata de esto de ser padre. Me siento como pez fuera del agua", su confesión me sorprendió un poco porque él parecía tan involucrado en las vidas de sus hijos. "Siento como que estoy haciendo todo lo que se espera de mí la mayor parte del tiempo", dijo él. "Pero aunque eso es sólo por la gracia de Dios, lo que pasa con mi trabajo y todo lo demás. Habitualmente me siento como que apenas estoy saliendo adelante. Tengo miedo de que un día todo se va a derrumbar a mi alrededor".

He oído a otros hombres contarme cuando estuvieron en la sala de partos del hospital y tomaron en brazos a su primer hijo. El bebé respira y el color surge en sus mejillas, mientras el padre contempla gozoso. Pero, entonces, de regreso a casa, después del parto, un pensamiento retumba por la mente del nuevo padre. Vuelve a resurgir de nuevo muchas veces durante esas primeras semanas. *Un momento —piensa él—, yo nunca he sido preparado para esto. Fui a la universidad o un instituto técnico vocacional para llegar a ser un hombre de carrera. Fui a consejería antes de casarme para aprender a ser marido. Hasta fui a todas las clases de LaMaze* (método por el cual se prepara a la madre para dar a luz sin necesidad de calmantes), *pero nunca nadie me ha mostrado cómo ser un padre para este bebé.*

Los padres eficaces son diferentes. O quizás experimentan los mismos miedos y frustraciones y tampoco nadie les ha dado instrucción especial para ser padres. Pero, de alguna forma, se mueven con una confianza que suele faltar en otros padres. Además, superan los puntos elementales de la paternidad: dedicar tiempo a sus hijos, darle entrenamiento físico, y ejercer disciplina, alcanzando un nivel de relación más profundo con sus hijos. Ellos practican, quizás intuitivamente, los siete secretos de los padres eficaces.

Este libro es para todos nosotros "los padres buenos" que tratamos tanto, pero que queremos desarrollar mejores habilidades de padre. Podemos aprender del arte y la artesanía de los padres eficaces que nos rodean.

Ser padre es importante

Tu motivación para aprender y entender los siete secretos de los padres eficaces, aplicándolos con diligencia a tu paternidad se verá muy realzada si aceptas tres verdades importantes.

La primera verdad se relaciona con la importancia de la paternidad.

La revolución industrial influyó mucho en el papel del padre en la familia. Nuestros papás, abuelos y bisabuelos dejaron el hogar yéndose a la fábrica y, la paternidad en los Estados Unidos de Norteamérica quedó relegada a los limitados papeles de proveedor financiero y disciplinador de última instancia. No pasó mucho tiempo sin que los científicos sociales empezaran a decir que, en realidad, sólo la relación madre-hijo es central para la crianza de los hijos; los padres son periféricos.

Pero los padres no son periféricos en esto de la crianza de los hijos. Son cruciales. *Los niños necesitan a sus papás.* La importancia de los padres queda demostrada por lo que pasa cuando los padres no están en la casa. Hay estudios que muestran que los niños que crecieron en hogares sin padres tienen más probabilidades de abandonar los estudios secundarios, sufrir pobreza, vivir de la beneficencia pública, casarse muy jóvenes, tener hijos ilegítimos, divorciarse, cometer delitos, drogarse y emborracharse.[1]

En esencia, los padres no son ni mejores ni peores que las madres; simplemente son un tipo diferente de progenitor: un progenitor masculino. Los niños necesitan a su padre y a su madre, a ambos activos y a ambos funcionando efectivamente en el hogar.

Tu papel y responsabilidad de padre son de importancia vital para el crecimiento y salud de tu hijo.

Ser padre es una habilidad aprendida

La segunda verdad que debemos aceptar es que debe aprenderse a ser un padre eficaz. Las habilidades de la paternidad no acompañan automáticamente al cromosoma Y que te dio tu papá. Esperemos que tu papá también te haya regalado un buen modelo de paternidad. A medida que fuiste creciendo, pudiste observarlo, tomando notas subconscientes de la manera en que un hombre interactúa con su esposa e hijos. Desafortunadamente, con la tasa de divorcio que se duplica sin cesar en los últimos cuarenta años, muchos de nosotros crecimos sin acceso a los modelos de cómo ser padres, ni hablar de los eficaces.[2]

Cuando yo crecí, tuve la oportunidad de hacer trabajos de veranos para algunos artesanos titulados, en su mayoría electricistas y albañiles. Recuerdo mirar a Jerry, mi jefe de albañilería, y la eficiencia que había desarrollado en el correr de los años. De él aprendí cómo hacer la proporción de las cantidades correctas de barro, ladrillos y metal que se

"Creo que si se votara a quién darle un premio, yo votaría por los padres". *Alumno de tercer grado.*

"Él trabaja en un restaurante. Ese es un trabajo importante. Porque un restaurante significa frituras, lo que es comida. Esto es tan importante porque uno no podría vivir sin comida". *Alumno de primer grado.*

"Sin mi padre sería como una pelota sin aire por dentro. Cada vez que me siento triste, él viene y me alegra contándome un chiste tonto o comprándome un paquete de tarjetas de béisbol.... Mi papá trabaja mucho pero todavía tiene tiempo para mí". *Sexto grado.*

"Papá y yo jugamos béisbol, fútbol y tenis. También juego karate con él. Entro a su oficina y lo asusto. Él dice '¡huh!' *Primer grado.*

"Él me consuela cuando no estoy bien. Él sacrifica su tiempo cuando yo quiero hacer algo especial y él no.... Él siempre escucha mi versión de lo que pasó. Él trata muy bien a mi mamá, lo que me hace sentir querido". *Cuarto grado.*

"Si uno necesita ayuda o le duele algo, él dejará todo por nosotros... y en su trabajo siempre se apura para volver a casa sólo para vernos.... El año pasado hubo gente que le pidió que fuera alcalde y dijo: 'No, voy a dedicarle más tiempo a mis hijos'. Es por eso que él es el mejor papá". *Tercer grado.*

necesitaban para completar una obra en particular. Yo observaba a Jerry tomar un ladrillo con la mano. Él parecía tan ágil y rápido cuando untaba el ladrillo con barro y lo colocaba en la posición correcta. Me fijaba cómo ponía a su alcance todo lo que necesitaba, de modo que podía fijarse un ritmo y colocar cientos de ladrillos perfectamente en su lugar en lo que parecía nada de tiempo.

O veamos a Curt, el electricista para quien trabajaba. Él enrollaba cuidadosamente el cable sobre el suelo antes de intentar pasarlo por todo el conducto. Dándose el tiempo para deshacer con sus dedos los dobleces, se aseguraba un paso uniforme por el tubo. A veces había situaciones en que hasta tenía que bombear jabón por el tubo para que fuera más fácil pasar el cable; y, entonces, después de haberlo pasado bien, siempre comprobaba dos veces el largo antes de cortarlo. "Mide dos veces, corta una sola vez", me decía.

Hay muchos procedimientos que estos artesanos han aprendido que cobran sentido después que los has visto realizarlos. Uno se dice: "Naturalmente, esa es la mejor forma de hacerlo". Pero mientras cobran sentido, no son necesariamente cosas de sentido común. En otras palabras, si hubieras estado trabajando solo, probablemente no lo hubieras hecho de esa manera. Se te hubiera vuelto obvio sólo después que hubieras pasado por un prolongado período de ensayo y error.

Pero lo que estos obreros representan son innumerables generaciones de experimentación, de buscar la efectividad y la eficiencia y la *maestría*. Ellos tienen la sabiduría y los trucos del oficio que han ido pasando de obrero a aprendiz, de obrero a ti. Cuando ayudas a un jornalero, aprendes sus secretos del oficio.

Como padres debemos tú y yo hacernos artesanos. Quizás ahora seamos aprendices pero podemos llegar a ser *artesanos*.

En un momento de gran amor y afecto, concebiste a un ser humano, a un niño. Qué hecho increíble en y de por sí mismo. He aquí carne de tu carne, hueso de tu hueso: un hijo o una hija.

Un milagro. Dos ojos. Una nariz. (¡Tu nariz!) Un ser humano vivo que respira y crecerá y tendrá pensamientos, y llorará lágrimas, y estrechará manos, y contará chistes, y se enamorará, y batallará con las circunstancias. Es increíble: ¡eres el padre de un hijo!

Pero por increíble que sea, tenemos que admitir que todo hombre salido de la pubertad e interesado a medias puede ser el padre de un hijo. Un hombre que conozco, que salió del *ghetto* dice: "Cualquiera puede hacer un hijo pero se necesita un hombre para ser padre". *Los padres deben ser artesanos.*

Un hijo recién nacido es una maravilla en y de por sí mismo, pero, lo que constituye una buena parte de la maravilla es el monto del potencial que hay en esa arrugada piel amoratada. Cuando el niño inhala su primer aire, emite un

¿CÓMO TE SIENTES ACERCA DE SER PADRE?

El Centro Nacional de la Paternidad ha pedido a varios hombres que describan con un concepto gráfico cómo se sienten siendo padres. Algunas muestras de las respuestas se hallan en la lista de más abajo. Marca aquella con la cual te identificas más íntimamente o escribe una propia en el espacio provisto.

❑ Me siento como un granjero que cultiva y labra el suelo.

❑ Me siento como una cálida brisa de verano.

❑ Me siento como lluvia que llega a la tierra y entonces se evapora.

❑ Me siento como el sol que sale por el este.

❑ Me siento como un león solitario que ruge en la selva.

❑ Me siento como un pato fuera del agua.

❑ Me siento como un edificio alto del centro de la ciudad

❑ Me siento como el clima, sumamente impredecible.

❑ Me siento como un perro salchicha corriendo sobre mucha nieve.

❑ Me siento como las manos de Dios sosteniendo al mundo.

❑ Me siento como:_____.

vagido, pleno y sano. Un día, ese mismo niño puede cantar una canción en la que dé una nota con tanta perfección que todos los que le escuchen, súbitamente se den cuenta de que Dios es un Dios de belleza y majestad increíbles.

Ese infante de la sala de partos abre sus ojos por primera vez y parpadea al descubrir; imágenes borrosas y débiles pero ve algo: una luz, un rostro, una mesa. Años después, ese mismo niño puede abrir sus ojos y, repentinamente, ver algo que nunca había visto antes. Él puede observar la manera en que un compuesto químico afecta a otro y, de pronto saber: esto es la cura del cáncer.

En un recién nacido tienes materia prima que es bella en sí misma pero capaz de mucha más belleza. Debemos dar forma a esa vida y moldearla. Cualquiera puede clavar un clavo en una tabla pero sólo un artesano puede hacer un armario, una casa o un hogar. ¡Sé un artesano! ¡Sé diestro en tu paternidad! Produce en tu familia algo de calidad, utilidad y belleza.

Nuestra sociedad nos ha mostrado que el ensayo y el error no suelen servir en el arte de ser padre. Para cuando aprendemos cómo hacer las cosas en forma óptima, nuestros hijos pueden estar ya crecidos: así que ahora es el momento de empezar. Para llegar a ser diestros artesanos debemos, todos, empezar como aprendices. Debemos recurrir a otros hombres para pedirles: "Muéstrame cómo hacer esto y hacerlo bien. ¿Cuáles son los trucos del oficio? ¿Cuáles son tus secretos?"

Ser padre tiene grandes recompensas

La tercera gran verdad es que si bien la paternidad eficaz es de abrumadora importancia y suele exigir preparación rigurosa, también conlleva recompensas significativas.

Todo padre sabe que hay momentos de mucho sufrimiento, angustia, confusión e insuficiencia.. Pero entonces hay otros momentos como cuando entro al dormitorio de mis hijos cuando están dormidos. ¿Cómo explicarlo? En ese momento no es como si estuvieran haciendo algo para complacerme. Están dormidos. No están siendo inteligentes, atléticos, obedientes u ocurrentes. No están rindiéndome honores en forma activa ni haciendo algo que acaricie mi autoestima. Están sencillamente acostados ahí, con su pelo rubio desparramado por la almohada, sus piernas enredadas entre los pijamas y las frazadas y los ositos de peluche.

ESTUDIO REALIZADO ENTRE VOLUNTARIOS DE LOS CUERPOS DE PAZ

Hace algunos años se efectuó un estudio entre voluntarios de los Cuerpos de Paz. Los investigadores seleccionaron voluntarios al azar y los dividieron en dos grupos más o menos iguales: los que completaron su asignación y los que regresaron prematuramente a la patria debido a "problemas de adaptación y de conducta (incluyendo razones psiquiátricas)".

A diferencia de muchos estudios, éste apenas fue afectado por la raza o trasfondo socioeconómico de los voluntarios. Casi todos eran graduados de enseñanza superior, de familias blancas de clase media. El estudio no tomó en cuenta las razones para la ausencia de los padres, ausencia "psicológica" en lugar de física, edad al ocurrir la separación u otros datos que podrían haber intervenido. Se estimaba, pues, que el padre "ausente" era uno que estuvo fuera de la residencia del niño, por cualquier razón, por lo menos mientras el niño tenía diez a quince años.

Los resultados fueron sorprendentes. De los que cumplieron su asignación, 9% provenían de un trasfondo de padre ausente; pero entre los que regresaron antes de tiempo, 44% tenían padres ausentes. El estudio se repitió, y de nuevo hubo un amplio margen de diferencia: 14% y 44%.

Hemos tenido resultados similares en estudio tras estudio. La evidencia no debe ser pasada por alto: Sus hijos le necesitan.

Peter Suedfeld, "Paternal Absence and Overseas Success of Peace Corps Volunteers"(La asuncia paternal y el éxito de los voluntarios de los Cuerpos de Paz), *Journal of Consulting Psichology* (1967:31:424-25).

¿Cómo explicar lo que siento en esos momentos, cuando me siento en el borde de sus camas y sólo los contemplo?

Las recompensas de la paternidad suelen ser estos momentos intangibles pero justamente porque las recompensas sean indescriptibles, no significa que sean menos reales o poderosas.

Mientras escribo esto, hay atletas compitiendo en las Olimpiadas de Invierno en Albertville, Francia. Bonnie Blair acaba de ganar una medalla de oro en los quinientos metros de patinaje de alta velocidad y, frente a la prensa mundial, se la dedica a su padre, que falleció hace dos años.

Me acuerdo de una anécdota de otra Olimpiada realizada en Francia: los juegos estivales de 1924, en París. Bill Havens fue seleccionado para representar a los Estados Unidos de Norteamérica ese año en un competencia llamada los individuales canadienses. Se trataba de una competencia en canoa, un deporte de exhibición, en que los competidores se sientan con las rodillas hacia arriba y usan un solo remo. Havens era bueno; efectivamente, todos esperaban que él trajera la medalla de oro.

Sin embargo, pocos meses antes de las Olimpiadas, Havens supo que su esposa iba a dar a luz en algún momento durante los juegos. Él tenía que decidir: la oportunidad de su vida o... la oportunidad de su vida. Él tomó la decisión. Se quedó en casa. El equipo se fue a París sin él. El primero de agosto de 1924 nació su hijo Frank: cuatro días *después* de los juegos.

Pasemos a toda velocidad todos esos veranos en que Bill Havens escuchó, probablemente, los resultados de cada competencia en canoa de las Olimpiadas preguntándose si había decidido bien. Pero detengámonos en 1952, el año en que las Olimpiadas de Verano fueron en Helsinki. Havens recibió un telegrama desde Helsinki que, ciertamente, no hubiera cambiado por todo el oro del mundo. El telegrama decía: "Querido papá... Gracias por esperar que yo naciera en 1924. Vuelvo a casa con la medalla de oro que tú debieras haber ganado". Firmaba "tu hijo que te quiere, Frank".

Frank Havens acababa de ganar la medalla de oro en la competencia de los diez mil metros para los individuales canadienses.[3]

Puede que los padres nunca tengan la oportunidad de pararse bajo la luz de la fama o del estrellato atlético pero todo padre eficaz recibirá su medalla de oro algún día. No hay forma de decir qué forma adoptará la medalla. Quizás sea el apretón de manos dado por tu hija y habrá lágrimas en tus ojos al darte cuenta cuán maravilloso es ser amado por esa persona. Quizás sea una tarde veraniega, años por delante, cuando estés sentado ya anciano en tu mecedora en el porche, sin decir una palabra, sencillamente mirando a tus muchos y felices nietos disfrutando el hecho de haber hecho uno de los trabajos más importantes del mundo y haberlo hecho bien.

Pero todos esos momentos se desvanecerán momentáneamente de tu memoria ante un hecho más significativo: cuando sientas en tu hombro el peso de una mano divina y mires a los ojos del Salvador. Él sonríe y dice: "Bien hecho, mi siervo bueno y fiel. Yo llamo a muchas personas a diferentes tareas pero a ti te llamé a ser padre y te di estos niños —algunas de las personas más preciosas del mundo para mí— y tú los criaste maravillosamente. Gracias".

Dos

Aplicando los siete secretos

Aprendemos a ser padre siguiendo modelos. Esta declaración sintetiza el problema y el potencial.

El *problema* es que con la alta tasa de divorcios de nuestra cultura, hay una generación actual de padres que creció sin padre propio. Quizás esta fue tu experiencia o, quizás tu padre estuvo alejado emocionalmente o fue hasta abusador. En todo caso, tu modelo de padre fue inadecuado, dificultándote saber cómo ser un padre eficaz.

Afortunadamente, el *potencial* de esa declaración es que los malos modelos pueden ser siempre reemplazados. Si tuviste un mal modelo de padre mientras crecías, puedes hallar uno nuevo.

Por primera vez en décadas, los hombres están recurriendo a otros hombres para hallar aliento y fuerza. No estás solo. Hay un movimiento de padres en marcha en este país. Lo veo cada vez que paso los martes por la mañana por el restaurante Hardee de nuestra localidad. Hay seis hombres en esa mesa cerca de la ventana, tomando su café y conversando. Conozco a este grupo de hombres. Sé de qué hablan y no es de los Royals de Kansas City ni de las perspectivas para la temporada de los faisanes. Ellos se están oyendo unos a otros, identificándose unos con otros y dándose ánimos unos a otros para llegar a ser los mejores papás que puedan ser. Esto no es una facción del movimiento de los hombres. No, es parte de un movimiento de padres que marcha al ritmo de un tambor diferente: el latido del corazón de sus propios hijos.

Investigando a los padres eficaces

Hay otros modelos también: en particular, los padres eficaces que hablan por medio de la investigación y de los perfiles incluidos en este libro.

Cuando mis colegas y yo empezamos nuestra investigación, primero tratamos de identificar los papeles que deben desempeñar y las responsabilidades básicas a que son llamados los padres. Revisamos la Biblia, encontrando más de 1.190 versículos referidos a el ser padre, la paternidad y la falta de padre. Leímos literatura histórica (los puritanos fueron prolíficos en este tema). Leímos las revistas académicas y, entonces, hablamos a los hombres.

El *National Center for Fathering* (Centro Nacional de la Paternidad) desarrolló un cuestioanrio de examen llamado *Fathering Style Inventory* (Cuestionario del Estilo de la Paternidad). Recibimos datos de más de cuatrocientas variables relacionadas al ejercicio de la paternidad. Nuestro conjunto de datos de los padres de todos los Estados Unidos de Norteamérica aumentó. Actualmente no hay otra base de datos sobre paternidad funcionando en los Estados Unidos que sea tan grande como la del Centro Nacional. Actualmente este centro tiene investigación y datos sobre más de cuatro mil padres. (Una descripción más completa de nuestra investigación, con escalas de confiabilidad y estudios de validez se encuentra en el Apéndice A.)

Dentro de esta investigación encontramos una cantidad substancial de hombres que fueron identificados como "padres eficaces". Estos fueron seleccionados por otros hombres que trabajaron en las profesiones colaboradoras y que entendían la esencia de criar hijos. Hubo dos requisitos primordiales: cada encuestado debía tener, por lo menos, un hijo adolescente y cada uno tenía que demostrar externamente su compromiso de padre como de alta prioridad. En otras pruebas pedimos a los iguales que seleccionaran a los hombres de sus iglesias locales que hubieran criado exitosamente a sus hijos. Entonces encuestamos a esos hombres y a sus esposas e hijos para obtener mayores datos.[1]

En resumen, los padres eficaces de nuestra investigación fueron elegidos por sus iguales, que los identificaron como sobresalientes en sus habilidades de padre.

Los principios de la paternidad pueden no tener edad (particularmente según están expresados en la Biblia), pero la manera de aplicarlos a tu familia en particular es algo que aprenderás mejor escuchando a este conjunto de voces, las voces de los padres eficaces de todo el país. En este libro oirás anécdotas de hombres iguales a ti y, lo más importante, oirás la voz amplia y profunda de nuestra base de datos de la paternidad: cuatro mil voces, incluso la de los padres eficaces. Es un coro de sabiduría y aliento.

Aplicando los siete secretos

¿Cuál es la mejor forma de aplicar los siete secretos de los padres eficaces?

Recuerda que aprendemos a ser padres siguiendo modelos. Esto significa que, en tu calidad de lector, tendrás que (1) vivir un tiempo con este libro, tal como lo harías con cualquier otro modelo de padre (no sientas que debes realizar todo lo que está en este libro de una sola vez); y (2) hacer de los siete secretos un tema de conversación y de la responsabilidad de rendir cuentas a tu familia y a otros hombres.

Conviene que leas este libro por entero una vez. Algunos de los capítulos pueden parecer particularmente exigentes pero hay sólo siete secretos y, leyendo todo a cabalidad puede darte, con toda facilidad, una idea general de cada uno. Cada capítulo da algunos datos prácticos sobre la manera de integrar a tu vida ese secreto en particular.

Puede que te sientas inclinado a llegar hasta las últimas consecuencias ("tirarte al fondo" como decimos en Kansas). Ese entusiasmo es bueno pues refleja un momento de elevado compromiso, pero es preferible que resistas la tentación de tratar de lograr todo de una sola vez. Tratar de hacerlo así es demasiado abrumador. Terminarás frustrándote con todo lo que estás tratando de hacer. Además, aunque no te agotes tratando de hacerlo todo de una sola vez, ¡puede que tus hijos sí!

Piensa en esto: tú tienes mucho tiempo para integrar cada secreto a tu experiencia de padre. Serás padre por el resto de tu vida. Bueno, tus hijos pueden vivir contigo sólo por un tiempo pero, aun así, tendrás décadas con el menor y horas y meses y años con el mayor. *Nunca subestimes tu poder de padre o de abuelo*. Nunca es demasiado tarde para emplear nuevas ideas sobre la paternidad. Tienes tiempo para aprender estos secretos cuidadosa y sistemáticamente. Pero no tienes tiempo para dejar esto para mañana. Aunque empieces con un solo secreto, lo importante es empezar *ahora*.

La segunda estrategia para aplicar los secretos es elegir un secreto para elaborarlo. Vuelve a leer el capítulo. Convérsalo con tu esposa y con tus amigos. Aplica algunos de los datos prácticos que se incluyen en cada capítulo.

Aquí podemos aprovechar un dato de Pete Rose. A pesar de sus problemas con los juegos de azar, Rose tuvo una destacada carrera en el béisbol, llegando a establecer el récord de la liga para la mayoría de los goles de toda la época. Cuando se le pidió que explicara su éxito, Rose contestó: "Practico eso en que no soy bueno. La mayoría de la gente practica eso en que es buena".[2] Rose consideraba todas las cosas que un jugador de béisbol tiene que hacer y trabajaba una a la vez. Además, detectaba los aspectos de su mayor debilidad y se concentraba en ellos. Desafortunadamente, Rose no aplicó el mismo principio a su vida familiar. "Cuando me casé, mi esposa dijo que yo me pasaba más tiempo en la segunda base que en la casa", comentó una vez.[3] Pero el principio de Rose acerca de superar su mayor debilidad es bueno para los hombres que quieren mejorar su paternidad.

De los siete secretos, el que he detectado como mi mayor debilidad en mi propia calidad de padre, (y al cual me dedico a mejorar en este momento) es el tercero: ser consecuente. Esto es particularmente cierto en relación a mi hijo mayor Joel, que tiene una mente y memoria increíbles para recordar lo que yo digo (quizás porque él es hombre de pocas palabras). Él oye los compromisos que hago (tanto explícitos como implícitos) y me los cobra. Por ejemplo, un día yo lo llamé desde la oficina y le dije que, cuando llegara a casa, él y yo

El padre de la fórmulas

Exige que una casa sea un modelo de orden y disciplina.
La paternidad consiste principalmente en una lista de reglas, un sistema mecánico que, según cree, conducirá al éxito. Le falta fe en sus hijos y les permite tomar pocas decisiones. También le falta fe en Dios; tiene todo bajo su propio control.

El padre fiel

Leal: en la misma forma en que marido y mujer se prometen ser fieles recíprocamente. El padre fiel dice: "Mis hijos son una prioridad", aun frente a todas las presiones y expectativas que el mundo le ponga.
Trabaja mucho: igual que un buen automóvil. Un compromiso vitalicio para seguir trabajando con ahínco en lo que sabe es una sabia práctica de la paternidad. Él trabaja firme para estar en contacto con sus hijos, siguiendo adelante a través de las complicaciones y dificultades, concentrándose en sus hijos.
Lleno de fe: el padre fiel hace su deber, orando y confiando en Dios para esas cosas que él no puede controlar.

El padre de las riendas sueltas

Se queda pegado al hecho de que no hay garantías de que sus hijos resulten buenos y el pensamiento lo paraliza. Su lista no es de reglas o de resultados deseados sino una lista de todas las cosas sobre las cuales, en última instancia, él no tiene control.
Él delega a otros cuando se trata de la responsabilidad de ser padre (anda a preguntarle a tu madre). Él no se da cuenta de que hay principios en la paternidad. Él debe hacer lo que puede y confiar que el Padre celestial haga el resto.

jugaríamos *catch* (tirarse la pelota una al otro). Cuando llegué a casa salimos, pero en lugar del *catch,* organicé un juego de pelota para que otros muchachos, incluso los vecinos, pudieran jugar. Pero Joel se desilusionó. Yo había formulado un compromiso específico (yo había dicho *catch* y *él y yo*) pero no lo había cumplido.

Realmente me preocupa cuando soy inconsecuente con mis hijos. Pero trato de ser paciente y me digo que estoy trabajando en esto. Estoy dedicado a ser un padre consecuente como primer paso para ser un papá eficaz. Una cosa a la vez. Mi buen amigo y paladín de la paternidad, Dave Simmons, que solía ser un *linebacker* (recibidor) en el fútbol americano profesional, dice a los hombres que van a sus seminarios sobre paternidad, "sólo juega una vez por turno".

La manera en que trato de ser un padre más consecuente demuestra la tercera forma de aplicar los siete secretos. Después que te hayas formado una idea general de los secretos, después que hayas elegido uno en particular, entonces dedícate a hacer de ese secreto un punto de interacción y responsabilidad de rendir cuentas con y a tu esposa, familia y amigos varones.

Hazte responsable de rendir cuentas a tu esposa. Mi esposa Dee, sabe que estoy tratando de ser consecuente. En efecto, ella me ayudó a identificar la inconsecuencia como un aspecto en el que debo mejorar. Ahora ella me ayuda a rendir cuentas en esto. Por ejemplo, me comprometí a llevar a almorzar fuera una vez al mes a cada uno de mis hijos. Con cualquier familia, pero particularmente con una familia grande como la mía, importa pasar tiempo con cada miembro y no sólo con los hijos todos juntos. Sin embargo, con cinco, a veces resulta difícil mantenerse informado de cada uno. Cuando se acerca el fin del mes, Dee me recuerda, servicialmente, cuáles son los hijos que no han tenido su salida mensual con su papá. Dee también me ayuda a fijarme metas reales para que pueda cumplir mis compromisos. (El Centro Nacional de la Paternidad lanzará en la primavera de 1993, un libro cuyo título tentativo es *Wives Helping Husbands Become Better Fathers* (Esposas que ayudan a sus esposos a

CATEGORÍAS DE LA ENCUESTA

Desde diciembre de 1987 se ha encuestado a más de 4000 padres respecto de sus ideales y prácticas de la paternidad. Se han formulado más de 400 preguntas. En otros sondeos se ha encuestado también a las esposas e hijos adultos respecto del desempeño de sus maridos/padres. Se diseñaron escalas con series de preguntas para detectar aspectos particulares que son significativos para los padres. Las siguientes categorías representan escalas de preguntas con un mínimo de 2 pero hasta con 41 preguntas por escala. Las categorías que encuestamos comprendieron:

Compromiso con los hijos
Conciencia de las necesidades de los hijos
Formación
Consecuente con los hijos
Motivación para ser padre
Dedicación espiritual con los hijos
Tiempo dado a los hijos
Culpa asociada con la paternidad
Compromiso con la disciplina
Interacción conyugal
Dedicación a la educación
Conversaciones de los progenitores respecto de los hijos
Tratar las crisis de la familia
Mostrar afecto/afirmación a los hijos
Ser un proveedor financiero
Dar el ejemplo (ser el modelo)
Conocer a tu hijo
Libertad de expresión en la relación de padre e hijo
Satisfacción con su propia infancia
Satisfacción como padre
Satisfacción con el apoyo de padre
Satisfacción con las habilidades de liderazgo
Satisfacción con la relación verbal con los hijos

Habilidades de progenitor
Satisfacción laboral
Metas y pasatiempos personales
Planificar actividades familiares
Dedicación de la esposa a ser madre
Dedicación al desarrollo del hijo
Interacción verbal de padre e hijo
Expectativas del padre para el hijo
Planificar el futuro del hijo
Participación del padre en los quehaceres domésticos
Asuntos de la identidad masculina
Confianza de los progenitores
Buscar consejo/ayuda externos
Participar en el cuidado del hijo
Actividades de la familia extensa
Relación con los progenitores
Satisfacción conyugal
Satisfacción como progenitores
Satisfacción con la vida familiar
Satisfacción con el tiempo
Satisfacción con el padre
Satisfacción con la madre
Religiosidad extrínseca
Religiosidad intrínseca
Conveniencia social

ser mejores padres). Quizás tu esposa pueda leerlo y ustedes dos puedan hacer un proyecto conjunto acerca de tu calidad de padre y no sólo como progenitor).

Hazte responsable de rendir cuentas a tus hijos. A veces hay formas en que puedes introducir a tus hijos a tu trabajo con uno de estos secretos.

Esta mañana pedí a mis hijos que me dijeran en qué aspectos soy consecuente y en cuáles, inconsecuente. Dijeron que soy consecuente para orar con ellos, en cuidarlos y mantener las reglas de la casa pero que soy inconsecuente para jugar *catch* (¡ahí tienes!) y para sacarlos a comer helados (¡bueno, a veces, sus conceptos son decididamente interesados!).

Hazte responsable de rendir cuentas a otro padre. Parte de tu mejor apoyo para aplicar los secretos puede venir de otros hombres. Yo me reúno informalmente con un amigo llamado Norm Wallace. Él tiene veinte años más que yo y sus hijos son adultos: él ha pasado todo el ciclo vital de ser padre. Aunque Norm siempre está ansioso de aconsejar, él también se limita a oírme cuando hablo de mis hijos. Tengo la oportunidad de hablar de cualquier lucha o frustración, y él me da el aliento que necesito.

Hazte responsable de rendir cuentas a grupos de padres. El Centro Nacional de la Paternidad auspicia a una cantidad de grupos de padres que se reúnen en iglesias, casas y centros comunitarios de todo el país. Los hombres obtienen una oportunidad de hablar entre sí sobre su calidad de padres. Uno de estos grupos comentó una vez: "Sabes, este es el único lugar donde puedo venir y reconocer que he fallado sin que me hagan sentir que soy un fracaso". Cuando nos rodeamos con otros hombres y hablamos sinceramente ante ellos, obtenemos su apoyo y su sabiduría acumulada. Estos hombres llegan a ser modelos de padre para nosotros.

Todo lo que tus hijos realmente necesitan

Hace unos meses conocí a un hombre en Boulder, Colorado, que es el vicepresidente de una empresa grande y padre de una familia pequeña. Doug era responsable de gran parte

REACCIONES ACERCA DE LA PATERNIDAD

A veces es fácil estar ciego a nuestros propios puntos fuertes y flaquezas. El Señor nos ha dado una esposa y amigos que pueden facilitarnos conceptos objetivos de nuestro ejercicio de la paternidad. Quizás como una forma de ayudarte a identificar cuál de los siete secretos debe ser el primero que trabajes, puedes fotocopiar esta hoja de trabajo y repartirla a tu esposa y a aquellos hombres que te conocen bien. (Si eres realmente valiente, ¡dale una copia a cada uno de tus hijos!)

1. ¿En cuál aspecto te parece que te destacas como padre?

2. ¿Cuál aspecto de tu paternidad crees que necesita la mayor mejoría?

3. Por favor, ordena las siguientes frases en la forma que crees se aplican verdaderamente a ti (1 es muy cierto; 7 es lo menos cierto):

❑ Yo mantengo un elevado nivel de compromiso con mi papel de padre.

❑ Conozco las características únicas de cada uno de mis hijos como también qué esperar de ellos en cada etapa de crecimiento.

❑ Soy consecuente con mis hijos cuando se trata de lo que digo, de mis estados de ánimo y mi comportamiento.

❑ Manejo las crisis de manera provechosa y doy lo suficiente para las necesidades financieras de mi hogar.

❑ Trabajo con diligencia para alimentar el fuerte lazo conyugal con mi esposa.

❑ Escucho atentamente a mis hijos y les permito que expresen sus pensamientos, emociones y preocupaciones

❑ Me dedico directamente a preparar espiritualmente a mis hijos por medio de enseñar y ser modelo de oración, estudio de la Biblia y adoración.

del éxito de su compañía. Él trabajaba muchas horas, largas y productivas. Si descuidaba a su familia en esto, no era por elección consciente. Él amaba a su esposa y a sus dos hijos varones.

Efectivamente cuando empezaron a llegar los informes de la escuela diciendo que Mark, su hijo mayor, estaba con problemas de conducta, el amor de Doug lo impulsó a la acción. Resolvió hacer lo que fuera para ayudar a su hijo.

Doug llamó hasta encontrar al psicólogo infantil más destacado de la región. El psicólogo atendía en el sur de Denver pero, Doug pidió permiso en el trabajo para ir con Mark a la sesión. Él consideró que los honorarios más bien exorbitantes eran un pequeño sacrificio por el bienestar de su hijo.

Doug estaba sentado en la sala de espera, mirando lo que quedaba de una desgarrada revista, cuando Mark y el psicólogo salieron de su segunda sesión. Doug miró expectante. Este psicólogo era uno de los mejores en su campo e, indudablemente, formularía un elaborado pero profundo diagnóstico de los problemas de Mark.

Profundo sí. Elaborado no.

"Todo lo que su hijo realmente necesita", dijo el muy preparado profesional, "es un padre".

Doug está listo para quejarse, "Pero él tiene un padre", cuando de pronto las palabras tuvieron significado en su mente y supo. "Mi hijo me necesita *a mí*".

El regreso a Boulder fue silencioso esa tarde: no debido a tensión o vergüenza o embarazo, sino porque Doug estaba muy ocupado pensando, sintiendo, planeando y orando. Cuando llegaron a casa y Doug abrió la puerta para que entrara su hijo, Mark entró a un hogar que acababa de cambiar drásticamente debido al compromiso que había hecho su padre: *Si mis hijos necesitan un padre, entonces tendrán un padre.*

Es en el suelo de tal corazón que crecen y prosperan los siete secretos de los padres eficaces dando forma a las generaciones.

Tres

SECRETO 1:
La entrega

Oliver DeVinck llevaba sólo tres meses de desarrollo en el vientre de su madre cuando ella sufrió un accidente. El gas se filtró de la estufa que tenía. Catherine DeVinck perdió la conciencia cayendo sobre la cama en el dormitorio. El padre de Oliver ya se había ido para el trabajo, pero en la estación del tren, recordó que se le había olvidado algo en la casa y volvió. José DeVinck olió de inmediato el gas y sacó rápidamente a su esposa al aire fresco de afuera.

Ella reaccionó rápidamente. Cuando Oliver nació seis meses después, parecía ser un niño saludable.

Un par de meses después del nacimiento Catherine estaba jugando con Oliver delante de una ventana abierta. Lo levantó hacia la tibieza del sol brillante, disfrutando del aire fresco y de los reconfortantes rayos del sol. Entonces notó algo raro. Su bebé estaba mirando directamente al sol sin parpadear.

Oliver nació ciego. Los médicos dirían a los DeVinck, llegado el momento, que Oliver no sólo no podía ver sino que tampoco podría sostener firme su cabeza, gatear, caminar, hablar ni sujetar nada en su mano. El gas que Catherine había inhalado a comienzos del embarazo, había afectado el desarrollo de Oliver. Él nació con una grave lesión cerebral.

Los DeVinck preguntaron al médico que lo examinaba qué podían hacer por su hijo. El médico sugirió que lo internaran en una institución.

José y Catherine rehusaron considerar tal posibilidad: "Él es nuestro hijo", dijo José. "Nos llevaremos a Oliver a casa".

"Entonces llévenselo a casa y ámenlo", replicó el doctor.

Así lo hicieron. Durante treinta y tres años.

Oliver tenía el tamaño de un niño de diez años hasta que llegó a adulto. Tenía la cabeza grande y las piernas torcidas y necesitó cuidado durante todos sus treinta y tres años. Era alimentado por su familia tres veces al día y bañado y cambiado con regularidad. En todo aspecto era, como escribiría su hermano menor Christopher, uno de los "seres humanos más indefensos y débiles" que uno podría conocer.

Christopher DeVinck preguntó una vez a su papá: "¿Cómo te las arreglaste para cuidar a Oliver durante treinta y tres años?"

"No fue por treinta y tres años", replicó su padre. "Me limité a preguntarme: '¿Puedo alimentar a Oliver hoy?', y la respuesta siempre fue: 'Sí, yo puedo'".[1]

Oliver DeVinck murió en 1980 y fue enterrado en Weston, Vermont.

Podemos aprender mucho sobre la entrega de padres dedicados como José DeVinck. Aunque la mayoría de nosotros no enfrentamos el reto de cuidar a un niño minusválido, la tarea parece suficientemente difícil con los niños sanos. José DeVinck es para nosotros un modelo del primer secreto de los padres eficaces: El padre eficaz es aquel que mantiene una entrega a largo plazo con sus hijos.

Proclama a tus hijos como propios

José DeVinck se puso de pie y dijo: "Él es nuestro hijo".

Él es tu hijo. Ella es tu hija. ¿Los proclamarás como propios? ¿Les darás tu nombre? ¿Les declararás a ellos y a los demás que el futuro de ellos y el tuyo se entrelazan?

ENTREGA

La entrega de un padre a sus hijos es demostrada por su prontitud y disposición a ejecutar sus responsabilidades de padre. ¿Anhela estar con sus hijos? ¿Disfruta de ser aquel de quien ellos dependen? O ¿le intimida la 'responsabilidad' hasta el extremo de tener temor de sus deberes de padre y los deja para mañana?

Cuando los padres firmes fueron comparados con otros padres, resultaron estas puntuaciones:

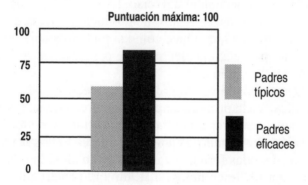

Puntuación máxima: 100

Padres típicos

Padres eficaces

Los padres firmes tuvieron, como grupo, 77% del máximo en la escala de la entrega, comparado con 59% de los padres típicos. Hablando en términos prácticos, un padre eficaz respondió "bueno" a las preguntas sobre su nivel de entrega mientras que un padre típico respondió "regular". De todos los siete secretos la diferencia en la puntuación de entrega (entre los padres eficaces y los típicos) fue la mayor. Los padres eficaces tuvieron puntuaciones 30% mayores que los padres típicos.

Nos divierte el entusiasmo del padre que salta en medio de un partido de la liga menor, señala a su hijo que rodea la tercera base y grita: "¡Ese es mi hijo!" Puede que el muchachito se ruborice pero sospecho que el niño enrojece con algo más que turbación. Probablemente sienta un flujo de orgullo.

Los niños necesitan que los proclamemos como propios.

Aquí, en Kansas, cuando vas a cazar faisanes tienes que pasar primero por la casa del granjero para pedir permiso para entrar a sus campos. El granjero probablemente esté en el cobertizo trabajando en alguna pieza oxidada del equipo. Cuando te acercas, levantará la vista. Llegará el momento en que saldrá a recibirte. Él frotará sus manos engrasadas en un trapo igualmente engrasado y, luego, te dará un apretón de manos y se presentará. Entonces, invariablemente, mirará por sobre su hombro izquierdo y dirá: "Este es mi niño, Jim". De cierta manera ni siquiera es una presentación: es una proclama, un hecho del universo. Este "niño" puede actualmente ser un robusto pedazo de producto agrícola de veintidós años de edad, que luce como si pudiera arrojar un fardo de heno por encima del galpón pero ese es el término cariñoso: "Mi niño".

Decir a los hijos "tú eres mío" y decir al mundo "ellos son míos" es la primera etapa de la entrega de un padre. Tal expresión de entrega da al niño un sentido de pertenencia y conexión. El mundo es un lugar atareado y grande. Los adultos de todas formas y tamaños giran alrededor, al trabajo, al centro de compras, a la tumba. Observa a un niño pequeño en una multitud, quizás mientras la gente hormiguea en dirección a la ventanilla donde venden las entradas para un partido de béisbol. La mano del niñito agarra la pierna del pantalón de su padre y empuña la tela en su pequeño puño de modo que sus dedos estén cerca de la pierna de su padre. Ese pedazo de tela del pantalón es un punto de referencia, una conexión con aquel a quien el niño pertenece.

Los padres que dicen a sus hijos: "Ustedes son mis hijos" les dan un punto de referencia inapreciable. Los niños se sienten seguros para explorar el mundo porque siempre saben dónde está el hogar. Ellos saben dónde pertenecen.

Ser proclamado por el padre también da al niño la sensación de ser afirmado. Todos sabemos cuánto rechazo hay en el mundo, hasta para los niños. Algunos de nosotros todavía recordamos haber sido elegidos últimos para el equipo de

38

softball. Es una experiencia traumática. Los capitanes del equipo ni siquiera usan tu nombre ni te señalan como persona. Dicen: "Bueno, yo tomaré a estos dos. Tú tomas a esos dos". Pierdes tu identidad o, sino, peor aun, los capitanes negocian: "Yo me lo llevo a él pero sólo si me das tres corridas". Te vuelves una mercadería tratada e intercambiada. Con tanto rechazo esperando más adelante, qué placer es para el niño crecer en una atmósfera de precoz aceptación en la cual escuche que su padre dice: "Este es mi hijo. Él está en mi equipo".

Efectuar estos anuncios comunica pertenencia, aceptación y orgullo a los niños pero también comunica mucho al padre mismo. Cuando dices a tu hijo, "eres mi hijo" te estás identificando con ese niño. Estás subiendo las apuestas. Te estás diciendo que estás dispuesto a invertir una buena parte de tu prestigio y felicidad en como resulte este niño. Hasta estás dispuesto a dejarte avergonzar por ese niño en ciertas ocasiones. En un sentido muy real, tu nombre está en juego. Ahora, todos conocemos padres (los padres fórmula) que llevan esto al extremo. Viven sus vidas por medio de sus hijos empujándolos a logros imposibles. Su amor es condicional y basado en el desempeño. Les oyes decir "quiero que hagas lo que yo nunca hice" o gobiernan a sus hijos con rigidez, batallando ansiosamente con cualquier mancha o defecto. Su egoísmo se demuestra cuando les oyes decir: "¿Cómo pudiste *desgraciarme* de esta manera". Pero estos son padres fórmula. Los padres fieles usan este sentido de la identificación sólo para agregar combustible a su motivación. La emoción de lo que personalmente está en juego los impulsa a hacer lo mejor que pueden en la tarea de ser padres.

Cuando dices a tus hijos "son mis hijos" también estás anunciando la responsabilidad de ellos. Crea en ti un sentido del deber. Como todo buen soldado o buen bombero puede decirte, el sentido del deber puede ayudarte a vencer increíbles dificultades. ¿Qué mantiene al centinela en su puesto cuando la temperatura cae hacia el cero? ¿Qué manda al bombero a un edificio incendiado en busca de una víctima atrapada a la cual ni siquiera conoce? El sentido del deber puede ayudarte a seguir al lado de un hijo adolescente rebelde, drogadicto y rencoroso en un momento en que miras tu corazón y hallas difícil ubicar algo de afecto por él. "¿Qué te hizo quedarte al lado?", puede preguntarte después alguien y tú responderás: "¿Qué esperabas? Yo soy padre y eso es lo que hacen los padres".

Resuelve actuar como padre de tu hijo

La entrega comprende más que proclamar a tu hijo como propio. También requiere que elijas ser el padre de tu hijo resolviendo trabajar para provecho de él o ella.

José DeVinck dijo: "Nos llevaremos a Oliver a casa".

Cada año los padres de recién nacidos con defectos físicos son llamados a realizar esa difícil elección. Algunos agonizan y llegan a la legítima conclusión de que una institución puede servir mejor las necesidades de su hijo gravemente incapacitado. Los DeVinck hicieron una elección diferente. El resto de nosotros puede aprender una valiosa lección. Implícita en la opción de los DeVinck para llevarse a Oliver a casa estuvo también la opción de no dejarlo en la institución. Los DeVinck entendieron que, de una u otra forma, Oliver tendría padre; la sola cuestión era quién. Las enfermeras de la institución podían alimentarlo diariamente con el huevo cocido mezclado con cereal, leche tibia, azúcar y un plátano. Un ayudante podía venir a cambiar los pañales de Oliver con regularidad. El gobierno federal podría haber subsidiado la manutención de Oliver. Pero no: DeVinck decidió que *él* sería el padre del niño.

Como padres tenemos que entender que si optamos por no ser padres activos de nuestros hijos, otra persona lo será. El mundo está lleno de padres sustitutos, reemplazantes demasiados listos para asumir el papel:

La TV como padre. La televisión dice: "Yo cuidaré a tus hijos por ti. Los mantendré ocupados mientras tú haces tu trabajo y vives tu vida". Por supuesto que no sólo es célebre el padre TV por alimentar a tus hijos con tremendas porciones del alimento malo sino que también es muy duro

40

de oído. Habrá momentos en que tus hijos querrán y necesitarán expresar qué están pensando, sintiendo e imaginando que el padre TV no escuchará ni podrá contestar.

El sistema público de educación como padre. En algún momento de la educación de tus hijos puede haber un profesor de la escuela pública que diga: "Yo estoy preparado con títulos de biología y psicología. Yo debo ser quien enseñe a tus hijos sobre el sexo". Por supuesto que el padre profesor de escuela no tiene permiso para hablar del sexo dentro del contexto del amor o del matrimonio.

El gobierno federal como padre. El Tío Sam dice a muchos papás: "Yo te tengo cubierto y puedo asegurar que tus hijos tengan suficiente para comer. Hasta puedo pagar la cuenta de su universidad. No tienes que preocuparte por eso". Esto suena demasiado bien para ser verdad, y lo es. Millones de niños son patrocinados por el padre gobierno federal mientras que sus padres naturales siguen sin trabajo, alejados y quizás hasta ausentes.

El amigo como padre. Nunca oirás a este padre sustituto en forma directa pero, si así fuera, diría: "Mira, tú y yo somos hombres adultos, ¿no es cierto? Y ambos sabemos que tu hija, como todas la hijas, anhela el amor y la aceptación de un hombre mayor". Entonces él ofrecería dar a tu hija el afecto que ella necesita de ti, pero cuando él dice *amor*, en realidad, puede significar su propio impulso hormonal egoísta.

Créanlo, hombres. Si no somos padres de nuestros hijos, otro lo hará. Por más bien intencionados que puedan ser, los padres sustitutos nunca serán capaces de hacer la tarea tan bien como nosotros, aun dadas nuestras debilidades y limitaciones. Parte de la entrega de ser padre es decidir, como José DeVinck, ser el padre de nuestro hijo, decir como él dijo: "Llevaré a mi hijo a casa". *Yo seré padre.*

El señor DeVinck sabía lo que significaba llevarse a Oliver a casa. Implícita en su declaración estaba el afecto por él. "Entonces, llévenselo a casa y ámenlo", dijo el doctor. Los DeVinck hicieron el compromiso de alimentar a Oliver cuando él necesitaba comida, bañarlo cuando él necesitaba ser bañado. La entrega fue una resolución de actuar. *Yo haré por ti aquellas cosas que los padres hacen por sus hijos.*

El cumplimiento diario de tu entrega

Tu entrega a ser padre va más allá de tu decisión personal y voto de ser el padre de la vida de tu hijo. Requiere acción. Debe ser no sólo un acto interior de la voluntad sino también una expresión externa de servicio. No sólo debes comprometerte sino que debes cumplirlo.

Actuar basándote en tu derecho a tu hijo abarca dos cosas: Un padre debe hacer *todas* las cosas que se espera que los padres hagan. Y debe hacerlas durante todo el *tiempo* que se espera que los padres las hagan. Él abraza toda la gama de actividades de padre y las mantiene por todo el período del reclutamiento.

¿Qué pasaría si contrataras un contador que te dijera en la entrevista: "Seré su contador pero solamente anotaré las cuentas del haber. Rehuso anotar nada del debe"? Los libros estarían tan desbalanceados como su pensamiento. Por casi un siglo los hombres han estado mirando la lista de todo aquello que un padre debe hacer y, esencialmente, han estado diciendo a sus hijos: "Asumiré estos dos papeles. Seré tu proveedor financiero y tu disciplinador pero todas estas otras cosas de ser uno que equipa espiritualmente o que modela, vas a tener que hallarlo en otra parte. Ese no soy yo".

El padre fiel no elige y selecciona cuáles papeles desempeñar. En cierto modo su única licitación es la ignorancia. Puede que no sepa todo lo que debe hacer como papá pero en cuanto alguien se lo dice, lo hará. Resulta interesante que, en nuestra investigación del *National Center for Fathering* Centro Nacional de la Paternidad, hallamos encontrado que uno de los grupos de padres más firmemente comprometido es el de aquellos hombres que no tuvieron padres dedicados. Los llamamos padres "superadores" o, a veces, "padres compensadores".[2] Son padres que anhelan ser el padre que desearon haber tenido.

Los padres comprometidos abrazan todos las responsabilidades de ser padre, sea lo que sea que se requiera en cualquier momento de las vidas de sus hijos.

Ellos también lo hacen en el largo plazo. ¿Recuerdas lo que dijo José DeVinck? "No fue por treinta y tres años. Me limité a preguntarme: '¿puedo alimentar a Oliver hoy?', y la respuesta siempre fue: 'Sí, yo puedo'".

La entrega abarca la cuestión del tiempo. Muchos padres hacen esto de forma chapucera. Ellos posponen su entrega diaria a sus hijos con la idea de que, después harán un gran gesto, una gran entrega que compensará su falta de entregas habituales de todo el tiempo. Hablan de reemplazar la cantidad de tiempo por su buena calidad. Ellos le compran a su hijo una bicicleta cara de diez velocidades para la Navidad. Se concentran en los grandes sucesos de la vida del niño: nacimiento, graduación, hasta el matrimonio, para expresar su entrega. Pueden pensar que regalar dinero o la herencia para el hijo es una medida de la entrega de padre.

La real entrega del padre se expresa, no obstante, en las actividades diarias. La palabra *entrega* tiene efectivamente una reveladora etimología. Significa literalmente dar, entregar, confiar. Cuando tú "confías" algo a la memoria, le das a tu memoria los trozos de información y confías que no los olvidará. La imagen más útil aquí podría ser la de la persona que entra al banco, busca en su bolsillo el dinero que ha ahorrado hasta ahí, y lo desliza por debajo del vidrio de la ventana del cajero. Él está depositando. Está entregando su dinero a la salvaguarda del banco.

En forma similar, como un fiel cliente del banco, tenemos que hacer depósitos habituales (diarios) en las vidas de nuestros hijos. ¿Qué es lo que depositamos? Tiempo, energía, y recursos. La entrega es el monto real de tiempo, energía y recursos que estás dispuestos a dar a la tarea de ser padre. Tu hija tiene fiebre y te quedas al lado de su cama durante la noche, durmiendo sólo ratos en una incómoda silla. Has hecho un depósito. Tu hijo te pregunta: "Papá, ¿cómo verificas el aceite del automóvil?", y tú tomas un trapo para que él lo use con la varilla. Has hecho un depósito.

43

Amarras un zapato: dinero en el banco. Enseñas una oración: tus ahorros siguen creciendo.

Aunque muchos de nosotros podemos estar esperando ese gran barco que llegue en materia de finanzas, todos nosotros, subconscientemente, sabemos que la persona a quien le va bien, es aquella que invierte un poquito ahora, luego después, y después, habitualmente, ahorrado algo, haciendo frecuentes depósitos. Por pequeño que sea cada depósito individual, llega el momento en que todo suma una enorme cuenta de inversiones.

Siento el irresistible impulso de tirar por tierra esta analogía. Por ejemplo, podríamos también hablar de cómo los pequeños depósitos en las vidas de nuestros hijos también acumulan gran interés (¡a tasas de interés de doble cifra!). Dentro de sus talentos, imaginaciones y potenciales, nuestras pequeñas pero habituales unidades de apoyo y aliento se componen en algunos logros tremendos. Bonnie Blair, la atleta que ganó una medalla de oro en las Olimpiadas mencionada antes, dedicó su medalla a su padre, que había muerto dos años antes. "El siempre solía decirme, 'puedes hacerlo'", dijo.[3]

La entrega de ser padre se expresa mejor en maneras pequeñas pero habituales. Un niño de sexto grado escribió en una composición:

"Hace poco mi padre me vino a buscar a la escuela después de un día tenso y me dijo: 'Sandy, un día seré una gran estrella'. Yo me volví a él y le dije: '¡Siempre serás una estrella para mí, papá!'" Este hombre estaba esperando con esperanza el gran momento en que pudiera ser todo lo que quería ser para su hijo. Necesitaba que le recordara "Papito, tú ya eres una estrella para mí. Estás aquí, como prometiste, viniste a buscarme a la escuela y, ahora, mira, aquí estás sencillamente para pasar tiempo conmigo". No hay necesidad de que este padre se queje "Pero estas son cosas tan pequeñas".

¿Qué es la entrega cuando se aplica a la paternidad?

Es proclamar a tus hijos como propios.

Es resolver actuar para cumplir la totalidad de tu papel de padre.

Es hacer las actividades diarias que cumplen tu resolución.

Cómo enfocan los padres eficaces su entrega de padre

Al final de este capítulo te daré un medio por el cual medir tu nivel de entrega como padre. También te daré una lista de datos prácticos para criar y mantener tu entrega y motivación pero, primero, llevemos nuestro pensamiento un paso más adelante.

¿Qué hace que la entrega de un padre *eficaz* sea diferente de la entrega de un padre *común*?

Tenemos que admitir que la mayoría somos padres comunes. Puede que no seamos los mejores padres del mundo, puede que no seamos padres eficaces pero, de todos modos, debemos estar haciendo algo bien. No somos padres ausentes. No hemos abandonado a nuestros hijos. Dedicamos horas a cumplir los deberes de padre.

O, ¿no lo hacemos?

Quizás no. Las estadísticas muestran que los niños de los Estados Unidos pasan menos tiempo con sus padres que los hijos de cualquier otro país del mundo. En la ex Unión Soviética los padres pasaban, en promedio, más de dos horas diarias con sus hijos.[4] Pero en los Estados Unidos los padres pasan apenas treinta y siete segundos por día con sus hijos pequeños.[5] La cantidad de tiempo dice algo sobre nuestra entrega a la tarea. Pasamos más tiempo ganando la carrera espacial que la carrera de ser padres.

Los hechos establecen claramente que los padres eficaces sencillamente pasan más tiempo con sus hijos que los padres comunes.

Sin embargo, la entrega de los padres eficaces abarca mucho más que el tiempo del reloj.

Los padres eficaces cumplen firmemente su entrega. Ellos *piensan* en su nivel de entrega. Mientras que otros padres sencillamente tratan de desviar los pensamientos de entregarse y tirar la toalla, los padres eficaces procuran conscientemente la entrega a sus hijos. Estos padres *hablan a sus hijos* sobre su entrega. "Estoy entregado a ti", dicen. Conozco a un padre que mostró a su hijo un papel. "Quiero que veas esto", le dijo al niño. "Esta es una lista de mis prioridades. Anoté todo lo que sentí como llamado de Dios para hacer a esta altura de mi vida. Quiero mostrarte cuán alto están tú y tu madre en mi lista". Los padres eficaces *hablan con los demás* de su entrega: "Me comprometí con mis hijos y, por cierto, no voy a dejar que este último obstáculo se interponga en mi camino". Ellos *planifican* su entrega futura: *Este año Susie va por primera vez a la escuela secundaria. Va a necesitar mucho de mi fortaleza. Resolveré levantarme una hora antes cada mañana para poder desayunar tranquilamente con Susie y ayudarla a prepararse para el día.*

Los padres eficaces vigilan muy de cerca su nivel de entrega. Leen los signos vitales como el corredor de acciones lee el *Wall Street Journal* o como un candidato presidencial lee las encuestas. ¿Está mi calidad de padre viéndose recargada por otras actividades? ¿Me pongo renuente a interactuar con mis hijos? Los padres eficaces examinan sus corazones habitualmente para ver si siguen volcados hacia sus hijos.

El padre eficaz difiere de los otros papás en que busca activamente maneras de volver a estimular su entrega cuando halla que está bajando. Muy a menudo encuentra aliento en otros padres. Se reúne con otros hombres.

Los grupos de padres han sido un gran apoyo para mi amigo Larry Schafer, allá en Minnesota. Él ha estado juntándose con otros hombres durante los últimos cinco años para trabajar específicamente en sus habilidades de padre. Lo que resulta cómico es cómo toda su familia lo apoya. Invariablemente uno de sus cuatro hijos le preguntará qué ha aprendido en el grupo de padres en esa semana. Una vez, uno de sus hijos le recordó: "No te vayas a perder el grupo de padres mañana". Evidentemente los muchachitos saben el interés que para ellos tiene que su padre se reúna con otros hombres.

En realidad las mujeres conocen este secreto hace años. Cuando las mujeres se juntan para tomar una taza de té bien caliente, y una de ellas dice, "debieran haber visto lo que hizo el viernes este loco hijo mío" no están lamentándose de la maternidad. Están compartiendo experiencias y conmiserándose. Ellas comparten datos y se dicen unas a otras, "ánimo, que no estás sola". Las mujeres son estupendas para darse ánimo y apoyo cuando se juntan. Los hombres deben hacer lo mismo.

Los padres eficaces tienen una *orientación en la tarea de su paternidad*. Ellos ven su paternidad como una ocupación ("esto es lo que hago") y no meramente como una circunstancia ("esto es lo que me pasó"). El papel de padre es una ocupación para el padre eficaz. Para el padre común es una obligación. Es como la diferencia entre el empleado que trabaja mucho para hacer bien una tarea y el empleado que simplemente cumple el horario.

Los papás eficaces ven la palabra *padre* como verbo no sólo como sustantivo. Es posible "ser padre". Te sorprendería saber cuán nuevo es este concepto. Siempre hemos hablado de "ser madre" pero "ser padre" es un término nuevo.

La investigación de niños superdotados muestra uno de los hallazgos impresionantes que es, que más allá de su creatividad e inteligencia, son orientados a la tarea.[6] Los padres dotados son muy parecidos. Esta orientación a la tarea les capacita para aprovechar los mismos recursos que les sirven para triunfar en sus trabajos. ¿Tienes metas en la oficina? Fíjate metas para la casa y mira cómo eso aumenta tu motivación. ¿Recibiste preparación para tu profesión? Entonces, prepárate para ser padre: aumenta tus habilidades y mira cómo crece tu nivel de confianza. ¿Tienes una red de colaboradores y colegas que apoya tus esfuerzos en tu carrera? Entonces créate una red que incluya a tu esposa, tu pastor y otros hombres que te respalden en tu entrega a ser padre.

El padre eficaz saca confianza del mismo papel de padre. En otras palabras, él no sólo mira su propio trasfondo, habilidades e intelecto personales, juzgándolos inadecuados para la tarea. En cambio, reconoce que hay mucho poder inherente sencillamente en la posición del padre. La autoridad constitucional, si así te parece.

Cuando Dwight Eisenhower pasaba revista a sus tropas antes de la invasión de Normandía, podría haberse preocupado de que alguno de sus soldados hubiera roto filas súbitamente diciendo: "Un momento, usted es sólo un joven campesino de Abilene, Kansas. No hay forma que yo vaya a permitir que usted me mande ir a esa playa". Eisenhower podía haber pensado eso pero lo dudo. Probablemente sabía que las cinco estrellas de su casco representaban la autoridad legítima, dándole la confianza para formular las órdenes cruciales para ganar la guerra. Hay un poder similar que es inherente a ser, sencillamente, un papá. Te aseguro que más de uno de los padres eficaces que hemos estudiado, han confesado una sensación de inadecuación personal. Sin embargo, por inadecuados que pudieran sentirse, tienen una gran confianza en la paternidad. El Padre de todos los padres estableció como una de sus tareas esenciales ser un padre fiel. Podemos confiar en su designio y seguir su ejemplo.

Cuando aumenta la complejidad de la tarea, también lo hace la motivación del padre eficaz. El padre eficaz se pone a la altura del reto. Resulta fácil entregarse cuando todo marcha sobre ruedas. Una mañana, cuando estás afeitándote en el baño, miras para abajo y ahí está tu hijo, a tu lado, con crema de afeitar en toda su cara que raspa con su afeitadora plástica de juguete. Sonríes: es bueno ser papá pero, doce años después, tú y él están en el mismo espejo. Ahora él se inclina hacia adelante y estira el lóbulo de su oreja, tratando de decidir si la hace perforar y qué clase de arete usar. El ya no quiere más ser como tú. Efectivamente se avergüenza cuando te acercas a él y sus amigos. Puede que sea una fase pero es dolorosa y complicada y la relación es difícil. No obstante, el padre entregado responde, se adapta, cambia y enfrenta el reto. ¿Qué hace que un hombre siga haciendo su trabajo cuando la satisfacción parece tan poca? Parte de ello, sin duda, es el mismo espíritu heroico del que habló Teddy Roosevelt:

No es el crítico quien importa: no el hombre que señala cómo tropezó el hombre fuerte o dónde el hacedor de obras pudiera haberlas hecho mejor. El mérito es del hombre que está presente en la cancha: cuya cara está manchada de polvo y sudor.... Mucho mejor es atreverse a hacer cosas grandes, obtener triunfos gloriosos aunque jaqueados por el fracaso, que alinearse con aquellos pobres espíritus que ni gozan ni sufren mucho porque viven en el ocaso grisáceo que no conoce ni victorias ni derrotas.[7]

Pero otra parte de este valor frente al reto es sencillamente reconocer que yo soy un padre y esto es lo que hacen los padres. *Sólo porque las circunstancias se han puesto difíciles no significa que mis responsabilidades hayan cambiado.* Los padres son padre. Los padres entregados cumplen su deber. Los padres eficaces encuentran maneras de ser eficaces frente a la adversidad y el desaliento.

Examinando tu entrega

¿Cuán entregado eres como padre? Una manera de medir tu entrega es examinarte por las seis características de la entrega de los padres eficaces que mencionamos antes.

1. ¿Procuras entregarte en forma activa, pensando en ello y hablando de ello con tus hijos?
2. ¿Controlas tu nivel de motivación para ver si tu entrega está disminuyendo?
3. ¿Buscas recursos que te sirvan para mantener tu motivación, tal como juntarte con otros padres?
4. ¿Tratas de entender conscientemente tu paternidad en términos orientados a la tarea y aplicar las mismas normas de excelencia en tu casa como lo haces en el trabajo?
5. ¿Sacas confianza de tu título y posición de padre?

6. ¿Tu entrega y motivación aumentan cuando te encuentras con los desafíos de ser padre?

Otra forma de tener una idea de tu nivel de entrega es examinarte por nuestra triple definición de la entrega de ser padre:

1. ¿Has proclamado consciente y verbalmente a tus hijos?
2. ¿Has resuelto actuar en forma consciente y verbal por ellos?
3. ¿Inviertes habitualmente tiempo, energía y recursos en sus vidas en una proporción adecuada al elevado lugar que ellos tienen en tu lista de prioridades?

Esa última pregunta es el examen práctico. Probablemente el tiempo sea el indicador más importante de la entrega. El tiempo pasado con el padre es una de las necesidades más importantes del niño. Pregunta a un niño cómo deletrea *amor* y escribirá T-I-E-M-P-O, que es un bien tan escaso en nuestra ocupada cultura. Es un precioso recurso pasajero. Cuando preferimos pasarlo como padres, eso revela mucho de nuestras verdaderas prioridades. Por favor, no entiendas mal. No digo que aquellos padres que no pueden pasar tiempo con sus hijos debido a circunstancias externas no sean entregados. Un examen mejor sería preguntarte esto: Si te regalaran una semana sin responsabilidades ¿cómo la pasarías? ¿Sería uno de tus enfoques las actividades con tus hijos? Obviamente, la entrega es mucho más que pasar tiempo con tus hijos pero el tiempo es una cosa buena para evaluar como medida de tu entrega a tus hijos.

Otra forma de medirte es preguntándote si principalmente andas buscando experiencias cumbres con tus hijos o si estás realizando con regularidad las tareas diarias que son necesarias para edificarlos. Pregúntate específicamente por tu participación en la formación de tus hijos. Los padres eficaces que hemos mostrado parecían particularmente dedicados a la formación de sus hijos.

Refuerza ahora mismo tu entrega

Independientemente de lo que consideres tu nivel actual de entrega, hay algunas actividades prácticas que todos podemos hacer para reforzar nuestra entrega a nuestros hijos.

Verbaliza tu entrega a tus hijos. Diles que son importantes para ti. Diles que te estás dedicando a ser el mejor padre que puedes ser para ellos. Escribe una carta a tus hijos. Te aseguro que esa carta será leída y releída; puede que la pongan en su equipaje cuando se vayan a la universidad; será sacada del cajón cuando sean adultos.

Comparte tu infancia con tus hijos. Mi amigo Brian eligió la Navidad de un año para hacer esto. Su padre había muerto hacía unos años, pero el invierno pasado Brian llevó a su familia a su pueblo natal para visitar parientes que sus hijos sólo conocían por fotografía. Brian llevó a su hija e hijo a la casa ruinosa y enmohecida. Entró con ellos a cada pieza y les contó las anécdotas de los pinos de Navidad que su padre traía a casa que eran demasiado grandes para pasar por la puerta. Recordó la refulgente estrella que sólo su padre podía poner en la punta del pino por ser suficientemente alto. Cada pieza tenía recuerdos, hasta su propio dormitorio, donde su padre acostumbraba a arrodillarse cada noche para orar con Brian antes que él se durmiera.

Fue en ese dormitorio que Brian se abrió a sus hijos. Su voz era suave pero plenamente resuelta: "Hijos, lo que más recuerdo de esas festividades es que mi papá estaba ahí. Nada espectacular, sólo que él estaba ahí". Se detuvo y prosiguió: "Ashley y John, yo no he estado ahí para ustedes como mi papá estuvo para mí y este año yo quiero hacer de ustedes una prioridad principal".

Los hijos de Brian asintieron meneando su cabeza aprobatoriamente. Aunque nunca pudieron decirlo, en alguna parte profunda de ellos habían estado esperando esto, escuchando para oír esas palabras con más ansias de lo que nunca habían escuchado para oír los ruidos de los renos de Santa Claus (Papá Noel, San Nicolás en otros países de habla hispana) en el techo.

Deja que tus hijos sepan que estás accesible. Cuando tu hijo vaya a la escuela, dale tu número de teléfono de la oficina para que lo anote en su libreta. Dile: "Hijo, quiero estar ahí para ti aunque estés en la escuela. Si me necesitaras, llámame".

Ayuda a tus hijos en las actividades que disfrutan. Cuando tu hija está ensayando para la obra de teatro de la escuela, verbaliza tu entrega diciendo: "Querida, dime si quieres que te lea las otras partes del libreto para que puedas memorizar tu parte".

Piensa en todos los diferentes lugares donde va tu hijo, piensa en todas las diferentes actividades que hace y, entonces, trata de ubicar tu entrega en cada una de esas cosas. Lo que habrás hecho es poner marcadores en la vida de tu hijo que, por confusa que pudiera parecer la trama, él o ella podrá hallar siempre y referirse a ellos sabiendo así dónde está. Lo que habrás hecho por ti mismo es abrir tus ojos a todas las oportunidades maravillosas que tienes para ejercer tu paternidad.

Notifica a los demás, fuera de tus hijos, de tu entrega a ellos. Habla con Dios y cuéntale de tus intenciones de ser un mejor padre pidiéndole que obre a través de ti para cumplir tu compromiso de entrega. Habla con tu esposa, tus amistades y la gente con quien trabajas. Esto puede parecer algo raro pero rendirá buenos resultados. Por un lado, te pondrá en evidencia haciéndote responsable de rendir cuentas a los demás. Al saber que la gente está observando para ver si cumples tu compromiso de entrega, se te hará más urgente hacerlo. Otra ventaja es que, suponiendo que estas personas estén de acuerdo con tu entrega, ellas también harán su parte para protegerla. Les costará exigirte cosas que crean te pueden desviar de tus prioridades establecidas.

Saca provecho de los sucesos de tu vida de padre *en que la motivación es naturalmente elevada para reafirmar tu entrega.* Uno de los hechos más alentadores para los padres en estos últimos años es la invitación extendida a los hombres para unirse a sus esposas en la sala de partos para el nacimiento de sus hijos.

Cuando Nancy Swihart estaba de parto de su primer hijo, hace veintidós años, su marido Judson Swihart (uno de mis colegas) llamó al hospital desde su casa y le dijeron que llevara a Nancy. La pareja fue recibida a la puerta del hospital por una enfermera; a Judd le dijeron que regresara a casa y esperara que el doctor lo llamara. Así fue. Dos años después nació el segundo hijo de ellos. Esta vez se permitió a Judd entrar a la sala de espera, donde fue y vino de aquí para allá junto con otros padres expectantes. No fue sino hasta que nació el tercer hijo de ellos algunos años después que se permitió, por fin, que Judd entrara a la sala de partos. Aun entonces le dijeron no toque nada.

Hoy se ha completado el proceso. No sólo se permite que los padres entren en la sala de partos sino que, también, son considerados como valiosos partícipes del proceso del parto. La oportunidad de volverse padre y presenciar el nacimiento de tu hijo es rara. Martin Greenberg usa la expresión *embebecimiento* para explicar los sentimientos del padres ante la experiencia del recién nacido.[8] Si tú y tu esposa siguen teniendo hijos, no te pierdas la oportunidad de estar en la sala de partos. Te proveerá una gran reserva de emociones.

Busca también otros "acontecimientos del ser padre". Quizás sea el cumpleaños de un hijo o unas vacaciones familiares inolvidables o una agradable celebración del Día del Padre. Otros hitos mayores pueden ser la conversión o el bautismo de un hijo, el primer día de clases, la primera salida, su graduación, su boda. Todas esas son oportunidades maravillosas para atizar tus fuegos motivacionales.

Usa recordatorios visuales de tus hijos como puestos de vigilancia de tu *entrega*. Lleva una fotografía de tus hijos o un dibujo firmado de ellos a tu oficina o tienda. Ponla en un lugar visible, donde atraiga tu mirada durante el día. En realidad, pon estos recordatorios en tu itinerario diario. ¿Qué tal pegarlo en la puerta de tu armario del gimnasio? ¿Encima de tu torno en el taller de carpintería? Una fotografía que te evoque a tus hijos o familia te inspirará y cuando tus hijos vengan a verte a tu trabajo y vean sus fotografías puestas para que todo el mundo las vea, sentirán tu entrega a ellos.

Rodéate con algunas de las "investiduras" de la paternidad. George Bush miraba desde su escritorio de la Oficina Oval y ve el Sello Oficial de la Presidencia de los Estados Unidos. Le recuerda la autoridad inherente a su cargo. Aunque no hay un Sello Oficial de la Paternidad, es entretenido recibir placas, tazones y camisetas que anuncien que eres un papá y que los padres son respetados.

Busca las ocasiones (hasta créalas) en que sencillamente puedas pasarlo bien con tus hijos. Parte de mantener nuestra motivación laboral es tomarnos esas dos semanas de vacaciones anuales. Debes tomarte vacaciones como un padre. Pero tómate vacaciones de la seriedad de tu tarea, no vacaciones de tus mismos hijos. Sencillamente hazte el tiempo para disfrutar los buenos regalos que Dios te ha dado.

Cuatro

SECRETO 2:
Conociendo
a tu hijo

Yo no me dedico mucho al jardín, pero un pastor amigo mío ama este pasatiempo. Parte de la fascinación, explicaba Steve, es saber cómo hacerlo. "Mira", dijo, "si plantas tomates, buscas el fruto, si plantas bróculis, te interesa la hoja; si plantas zanahorias, es la raíz". Prosiguió explicando la importancia de este conocimiento: "Esto te dirá cuánto fertilizante poner a cada planta", dijo, "de lo contrario puedes obtener zanahorias con hojas gigantes pero sin raíz o tomates con profundas raíces pero sin fruto".

Mi amigo Steve aplica el mismo esmerado estudio a su familia y a su iglesia. No sólo es un buen jardinero, él es buen pastor. Él llama a las ovejas de su rebaño (es decir, su esposa, sus dos hijas, los miembros de su congregación) *por el nombre*. Él los conoce: sus puntos fuertes y sus flaquezas, sus esperanzas y aspiraciones, sus gozos y penas, y es capaz de atender sus necesidades. Su familia y su iglesia (y su jardín) florecen.

Un padre eficaz conoce a su hijos. Los estudia a ellos y a su mundo como el jardinero estudia un jardín tapado de hojas. Parte de su motivación es la sencilla fascinación: los niños son criaturas sorprendentes (y, a veces, maravillosamente divertidas). Pero un padre consciente también quiere obtener el conocimiento necesario para cultivar los dones y talentos únicos de sus hijos, mientras que protege a sus hijos de los peligros que su ojo avizor detecta. El segundo secreto de los padres eficaces es *conocer a sus hijos.*

Saber cómo crece el jardín

Hay dos componentes del conocimiento que un padre eficaz tiene de su hijo. Uno es el conocimiento general de cómo crecen y cambian *todos* los niños. El otro es el conocimiento específico de quiénes son *sus* hijos como personas individuales. En otras palabras, el padre eficaz conoce a los niños (en general) pero también conoce a sus propios hijos (en particular).

El término técnico para el conocimiento *general* de cómo crecen y cambian los niños es *conciencia del desarrollo.* Un padre consciente del desarrollo puede decirte qué esperar de los niños a medida que van pasando por las diferentes edades, etapas y fases. Esta conciencia del desarrollo parece ser mucho conocimiento teórico, algo que es mejor dejar a los psicólogos infantiles. Pero los padres eficaces buscan activamente ese conocimiento. Ellos observan a otros niños y, quizás, a sus sobrinos y sobrinas. Ellos preguntan a los padres de más edad. Buscan en los bancos de memoria de su propia infancia. Tratan de mantenerse informados sobre las diferentes etapas de la infancia.

Cada etapa de la vida del niño florece con nuevas actividades, ideas y posibilidades. Los aspectos emocionales, físicos, mentales, y espirituales de sus vidas constituyen un jardín de potenciales. Tu trabajo de padre es desmalezar el jardín y preparar la correcta cantidad de suelo para que estas flores tengan toda la oportunidad de crecer. Para hacer esto debes tener conocimiento de las condiciones del suelo, de las necesidades de la planta y de la mezcla que produce el crecimiento. La conciencia del desarrollo te da este conocimiento del jardín y de los procesos del crecimiento de la vida. Aunque sepas que las plantas necesitan agua, la conciencia del desarrollo te dice qué cantidad de agua necesitan las plantas y cuán a menudo.

CONOCIENDO A TU HIJO

La escala de "Conociendo a tu hijo" se obtuvo comparando las puntuaciones de los padres en asuntos como los que siguen:

- Saber de qué son capaces los niños a una edad determinada.
- Saber qué necesitan para el crecimiento sano, la estabilidad emocional y el desarrollo intelectual y saber específicamente cómo ayudarles en ese crecimiento.
- Conocer los gustos, las metas y las habilidades individuales de cada niño, apoyándolos en sus características únicas.
- Tener una buena idea de las preocupaciones, problemas y preguntas que tendrá el niño al ir creciendo en esta época y edad.

El gráfico adjunto nos puede ayudar a ilustrar cuán diferentes fueron los padres firmes respecto de los otros padres en la categoría de conocer a su hijo:

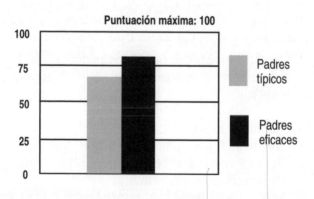

Puntuación máxima: 100

Padres típicos

Padres eficaces

Los padres típicos promediaron 69% de la puntuación máxima mientras que los padres eficaces promediaron casi 19% más alto que los padres típicos. En términos prácticos, los padres eficaces sentían que era "algo cierto" que conocían a sus hijos. Los padres típicos por lo general dijeron que se sentían "indecisos" o "inseguros" respecto de su conocimiento de sus hijos.

Atender las necesidades específicas del jardín

Sin embargo, lo que divide a los padres eficaces de todos
los demás padres es que también están conscientes de quiénes son sus hijos como personas individuales. Ellos conocen
específicamente a cada hijo. A medida que el niño avanza a
la adultez pasando por las etapas normales, se desarrolla
también como adulto único: una persona diferente con su
propio juego de rasgos de personalidad, talentos, puntos
fuertes y débiles, gustos y rechazos. Tal como todos los
copos de nieve son blancos y helados, pero sin que haya dos
idénticos, así los niños pueden ser todos niños pero, repito,
no hay dos idénticos. El padre eficaz se da cuenta de lo que
diferencia a su hijo de todos los otros de la cuadra. A través
de la ventana de la sala de maternidad, él puede haber
señalado a través del vidrio diciendo "ese de ahí es mi hijo"
debido al ángulo de sus orejas o el lunar de la mejilla. Y a
través de toda la vida, un padre consciente puede señalar y
decir: "Esa es mi hija. Lo sé por la manera en que ama la
música y admira a Amy Grant, desvía sus ojos cuando habla
con los muchachos y teme que la llamen a pasar adelante en
la escuela". Este hombre conoce a su niña.

En nuestra investigación de los padres eficaces, descubrimos algunas cosas específicas que ellos dijeron que conocían de sus hijos:

- cuando su hijo tuvo un mal día
- cuando su hijo estaba molesto por algo
- los nombres de los mejores amigos de su hijo
- lo que más animaba a su hijo
- cuando había herido los sentimientos de su hijo
- los puntos fuertes y débiles de su hijo
- lo que motiva a su hijo
- cuando su hijo se siente avergonzado
- la mayoría de las recientes experiencias decepcionan-
  tes de su hijo

Por supuesto que esta no es una lista exhaustiva de la información que quieren los padres eficaces. Estos son indicadores de un padre que conoce específicamente a sus hijos como personas.

Si tu hijo crece y un día se hace famoso, puede que despiertes una mañana encontrando a periodistas parados en las flores del jardín de tu esposa. Suena el timbre, quedas cegado por los fogonazos de las cámaras y un micrófono se te pega a la cara. "Cuénteme de su hijo. ¿Cómo era cuando niño?" Pero los padres conscientes no esperan a los futuros biógrafos ni tampoco están jugando sencillamente a la "Búsqueda Trivial". Los padres eficaces procuran conocer a sus hijos por dos razones muy importantes: primera, para poder ayudar a crear las condiciones en que mejor pueda florecer y prosperar esta personalidad única (su hijo) y, segunda, para que reconociendo las señales de peligro ellos puedan alertarse ante las situaciones en que sus niños necesitan su guía e intervención.

Mi hija mayor, Hannah, es una organizadora maravillosamente dotada. Yo no. Hannah cree que hay un lugar para cada cosa y cada cosa para su lugar, mientras que yo me inclino naturalmente más por *la pila* para todo y todo en su *pila*. Pero en mi mente es importante descubrir las habilidades para organizar de Hannah. Esto influirá muchas de las cosas que hago con ella como su padre. Por ejemplo, considero que este conocimiento es la semilla de mis consejos venideros para ella en lo tocante a sus opciones de carrera. Ella puede crecer y sentirse satisfecha siendo enfermera. Por el otro lado, ella puede querer ser una bibliotecaria que tendrá todos los libros en los estantes correctos, y los catálogos de tarjetas actualizados o una ejecutiva de empresas que vuela a reorganizar la estructura de una compañía y aumentar la productividad. Pero es improbable que esté feliz con el ritmo frenético de un controlador de tráfico aéreo o un técnico de urgencias médicas. Ves, yo la conozco.

Saber que Hannah es muy organizada, también me ha servido para gobernar mi propia conducta. Yo quiero que Hannah disfrute estando en casa. Quiero asegurar que el entorno en que crece sea positivo y alentador, que sea favorable a su crecimiento. Consecuentemente me he preocupado de organizarme a mí mismo, agregando, espero, algo a la felicidad de Hannah.

Un último ejemplo de la ventaja de descubrir las habilidades de Hannah es que me ha servido para ser un mejor administrador del hogar. Sabemos de administración en el trabajo: un supervisor organiza a su personal para que puedan cumplir sus metas en la forma más eficiente. Aunque nunca hayas pensado en esto antes, un hogar también puede tener metas. Una meta básica de la familia es sobrevivir: tener alimentados a todos, vestidos y abrigados. Otra meta es el crecimiento y la educación: criar a nuestros hijos (y a nosotros mismos) como adultos maduros y responsables. Las metas externas pueden comprender el servicio como familia para Dios y otras personas. Un padre, como jefe del hogar, debe administrar sus recursos para cumplir estas metas. Sus recursos más importantes son las otras personas de su familia, incluyendo a sus hijos. Dios sabía lo que hacía cuando nos dio los hijos que nos dio. El padre eficaz descubre cuáles son los aportes únicos que cada hijo puede hacer para las metas familiares y los usa con eficiencia. El ve la familia como un equipo divinamente dotado.

Un niño puede ayudar en las vacaciones de la familia mirando cuidadosamente el mapa, cerciorándose de que el conductor no tome por el camino equivocado. Otro niño puede ser el fotógrafo oficial porque tiene ojo para la belleza. Un tercer niño puede hacer que las largas horas de viaje en el automóvil sean más entretenidas contando algunas historias. Cuando conoces a tus hijos, tu equipo puede funcionar bien.

Parte de nuestro sótano es una zona de juego con pelotas, juguetes y juegos, pero otra parte es una sala de clases con una biblioteca, un pizarrón, y algunos escritorios. Tratando de enseñar responsabilidad a Hannah y de animarla en su talento organizador, le hemos "dado" el sótano. Ella lleva estrecha cuenta de nuestras existencias de materiales asegurando que

CONCIENCIA: BUSCA EL EQUILIBRIO

ALTO

INTRUSO: Los padres que se describen como que participan en todo los aspectos de las vidas de sus hijos pueden no dejarles mucha vida propia a ellos. La intrusión del padre en cada detalle de las vidas de sus hijos sin consideración alguna para su privacidad o individualismo puede dar poco espacio a sus hijos para que desarrollen sus propias personalidades.

DISCERNIDOR: Los padres de este grupo no sólo saben qué cosas están pasando en las vidas de sus hijos; también saben cómo cada uno percibe esos sucesos. Estos padres pueden discernir las interpretaciones de los hechos que hacen sus hijos en el contexto de sus niveles de desarrollo.

CONSCIENTE: Este tipo de padre interactúa bastante con sus hijos para saber cuáles son las necesidades y características particulares y las experiencias diarias de sus hijos. Estos papás conocen las experiencias diarias de sus hijos en la casa, la escuela, y la comunidad. Saben qué esperar de sus hijos en lo que se refiere a la edad de cada uno y saben cómo se comparan sus hijos con sus coetáneos. Estos padres están conscientes de hechos específicos de la vida y son capaces de ver algo del significado que estos hechos tienen para sus hijos.

CONFUSO: Los padres que se describen así tienen algunas ideas de lo que ocurre en las vidas de sus hijos pero estas ideas no son específicas. Él no conoce los detalles de las vidas de sus hijos y le costará decir los nombres de los amigos de sus hijos. Estos padres probablemente sepan más de los hechos más espectaculares que viven sus hijos pero no las cosas diarias.

INCONSCIENTE: En general, los padres que se describen como poco conscientes viven en un mundo separado del de sus hijos. Suelen saber poco de las cosas con que se enfrentan sus hijos y asimismo sabrán poco de la escuela, amistades y experiencias personales de sus hijos. Estos padres pueden no ser capaces de describir la singularidad de sus hijos ni saber qué esperar de ellos respecto de la edad de cada uno.

BAJO

National Center for Fathering (Centro Nacional de la Paternidad) (1990)
Personal Fathering Profile (Perfil Personal de la Paternidad), p.9.

63

todo lo que la familia necesita esté a la mano. Ella hace un trabajo estupendo.

Conocer quién es tu hijo te sirve para crear las condiciones para que tu hijo llegue a ser el adulto que Dios quiere que sea.

La otra razón principal del porqué los padres eficaces procuran conocer a sus hijos es para poder ayudarlos a apartar las cosas que pueden herirlos.

Uno de los verdaderos placeres de la vida de un jardinero de Kansas es el maíz dulce: grandes hojas amarillas con mazorcas que "explotan" cuando las muerdes.

Bien, puede que el jardinero plante la semilla y, luego, instale el sistema de riego automático y hasta contrate a un chico del barrio para que arranque la maleza alrededor de los tallos pero él seguirá estando ahí a diario mirando las plantas y observando su crecimiento. En particular, él buscará hoyos en las hojas que puedan indicar insectos, y busca manchas negras que indiquen peste. Él está conociendo para poder actuar cuando lo necesite. Cuando detecta una señal, ahí saca el pesticida. Un par de días antes de la cosecha, el jardinero regresa al jardín pero, en esta ocasión, anda mirando alrededor del jardín también. Anda buscando huellas: huellas pequeñas de cinco dedos que indiquen la presencia de ese azote del maíz dulce de Kansas: el mapache. Los mapaches de Kansas también conocen el maíz dulce. Cuando el jardinero descubre que estos bandidos andan por ahí, actúa para proteger su cosecha. Algunos instalan un cerco eléctrico, alto, con bastante voltaje como para iluminar un pueblecito. También he oído que algunos jardineros duermen en su jardín la noche anterior a la cosecha.

Los padres eficaces llegan a conocer a sus muchachos para ir a ayudarlos en momentos de peligro. Parte de este conocimiento previsor es la conciencia de las particulares susceptibilidades de un niño. Tu hijo puede parecer más confiado que otros. Este rasgo puede ser un punto fuerte pues se inclina a pensar lo mejor de los demás pero también puede hacerlo más vulnerable a que se aprovechen de él. Si sabes que tu hijo es naturalmente cándido, puedes prepararlo hablando con él sobre las personas en que puede o no confiar. Querrás destacar bien que no tiene que aceptar que gente desconocida lo lleve en su automóvil. O quizás tu hija tenga tendencia a competir. Repito, esto puede ser un punto fuerte pues le ayudará a destacarse pero también puede llevarla a ser una orgullosa ganadora o mala perdedora. Tú querrás aconsejarle que respete los sentimientos de los demás.

El orgullo y gozo del jardinero

Tener conciencia específica de lo que está pasando en las vidas de nuestros hijos da otras ventajas además de ayudarnos a fomentar su crecimiento y protegerlos del peligro. Cuando mostramos genuino interés en nuestros hijos por quiénes son, comunicamos que los consideramos personas importantes y fascinantes. Independientemente de lo cruel e insensible que puedan ser la gente de la escuela, el padre puede hacer que su hijo sienta que "en esta casa tú eres parte del grupo íntimo". Por medio de preguntas, el padre dice al hijo "te considero digno de ser conocido".

Pero los niños oyen más que sólo el orgullo y el afecto que es comunicado. Los niños sienten seguridad y confianza cuando su padre anota una marca en la pared año tras años para señalar su crecimiento. El niño sabe que su crecimiento y desarrollo están siendo controlados por papá. O los niños buscarán anhelantes en los lugares donde pusieron sus huellas en el cemento húmedo de un patio o entrada de automóvil nuevos. Esto les da un punto de referencia para regresar en días venideros y decir: "Mírame, estoy creciendo".

Una segunda ventaja es que la conciencia sirve para aliviar algo de la incomodidad que tenemos como padres. Conozco a algunos papás que se sientan a esperar que "se caiga el otro zapato". Ellos creen que en cualquier momento su hija volverá a casa y les dirá: "Papá, estoy embarazada" o que sonará el teléfono y su hijo dirá: "Papá, ven a pagar la fianza para sacarme de la cárcel. Me agarraron por posesión (de drogas)". Estos padres paralizados tienen razón de cierta manera: en cualquier momento pueden pasar esas cosas porque ellos no están conscientes de las señales de que podrían pasar. Los padres conscientes no viven con tal temor. Pueden ver la tormenta en el horizonte y tomar medidas para evitarla o capearla. No son inmunes a los malos ratos pero, rara vez, se sorprenden cuando llega el mal tiempo.

Una tercera ventaja de ser un padre consciente es, sencillamente, el gozo y la fascinación que puede dar el conocer a nuestros hijos. Encarémoslo: Tenemos hijos únicos e interesantes. Estos pequeños seres humanos pueden darnos una aventura de descubrimiento y conocimiento.

Datos prácticos para jardinería

¿Cuáles son algunas formas en que podemos llegar a estar más conscientes específicamente de lo distinto que es cada niño? Permite que te ofrezca algunas sugerencias prácticas:

Sencillamente pregúntales cosas. (Créelo o no.) Sé que digo lo obvio, pero, ¿cómo llegas a conocer a alguien que acabas de conocer? Si conoces a un matrimonio nuevo en la iglesia, puedes invitarlos a comer. La conversación estará salpicada de preguntas: "Así que ¿de dónde vienen ustedes?" "Cuéntenme cómo se conocieron. ¿En qué trabajas?"

Haz lo mismo con tus hijos. Llévalos a tomarse una Coca Cola, sólo para conversar. Pregúntales: "Y ¿quién es tu mejor amigo en este año?" "Oh, sí, ¿qué te gusta de ella?" "Cuando tú y ella lo están pasando muy bien juntos, ¿qué hacen?"

(Pregunta pero no interrogues. Tus hijos tienen que sentir que no estás recopilando esta información para, más adelante, echárselo en cara. Cuando sientan que te interesas de verdad por conocerlos, se abrirán más y te permitirán un mayor acceso a sus pensamientos y emociones. Pero, por ahora, si no te ofrecen información, no se la saques a la fuerza.)

Pasa tiempo en el terreno de tus hijos. Nunca comprenderás completamente o ni siquiera creerás algunas cosas a menos que las veas con tus propios ojos. Hace varios años, cuando mi hija Sarah tenía siete, estaba aprendiendo a

SECRETO 2: Conociendo a tu hijo

zambullirse. Había pasado cierto tiempo desde la última vez que había estado con ella en la piscina, así que me tomó un poco desprevenido una tarde en que, sentados a comer, mi hijo Joel dijo: "Papá, debieras haber visto a Sarah. Ella se lanzó del trampolín alto". Sí, ¡claro! Yo conocía a Sarah. No había forma en que ella siquiera subiera al trampolín alto, menos lanzarse desde ahí. Sarah no dijo una palabra. Yo pienso que hasta podría haber acusado de mentir a Joel.

La próxima semana fui a mirar la clase de natación de Sarah. Ciertamente, ahí en el terreno de Sarah, en medio del fuerte olor a cloro y cemento, conocí más quién es mi hija y cómo piensa. Todos los niños estaban lanzándose del trampolín bajo pero Sarah había pensado que si es posible lanzarse desde abajo, debe ser más fácil desde más arriba, donde hay más espacio para darse una vuelta en el aire. Finalmente entendí cuán aventurera es ella.

Da muchas oportunidades para que tu hijo descubra sus intereses y talentos y para que tú los descubras también. Sarah disfrutaba la clase de natación hasta que el instructor empezó a trabajar en su técnica de salto. En el momento en que tuvo cierto entrenamiento, mi hija que podía darse vueltas lanzándose desde el trampolín alto, empezó a tirarse mal desde el bajo. Perdió interés. Desde entonces ha explorado otros intereses: piano, violín, ballet, gimnasia, pantomima y muchachos. Multiplica todas estas actividades por cinco hijos y puedes apostar que yo soy un papá típico: ocupado. Mi esposa lleva a los niños a la gimnasia, de donde yo los recojo para llevarlos a casa. Y entonces están los momentos en que tengo que hacer la dura decisión de estar o en el recital de Hannah o en el juego de pelota de Joel.

Cuando los hijos son jóvenes es bueno (aunque caro) que tengan variedad de actividades. Están eligiendo eso en que son buenos y lo que les gusta hacer (que invariablemente es lo mismo). Llegará el momento en que la carga de actividades disminuya y tendrás mucho tiempo para enseñarles a dedicarse responsablemente a unas pocas actividades. La clave es no martillear a tus hijos. No los pongas en el módulo

CONOCIENDO A LOS HIJOS: CONCIENCIA DEL DESARROLLO

El padre eficaz tiene un conocimiento general de cómo crecen y cambian todos los niños. Hay gráficos que pueden servirle a los padres para hacerse un mapa y prepararse para el desarrollo de sus hijos. Estos gráficos suelen cubrir todos los aspectos de la vida de un niño (físicos, emocionales, sociales, intelectuales, sexuales, y espirituales) y todas las etapas del desarrollo.

En uno de esos gráficos, aparece esto bajo el título "Físico, edad 5 años":

El niño puede correr, saltar, trepar. Aprende a saltar con una pierna y a rebotar en este año. El niño crece aproximadamente 15 centímetros y aumenta unos 4 kilos y medio de peso. Puede vestirse, amarrarse los zapatos, cepillarse los dientes, abotonarse la ropa.

Obviamente el padre de un niño de cinco años no debe esperar que su hijo se quede sentado tranquilo por mucho tiempo y querrá darle mucho ejercicio. Será un momento propicio para empezar a enseñarle cuidado personal y de su salud y, con la forma en que crece, el padre necesitará presupuestar mucha ropa nueva.

Ventajas de tener conciencia del desarrollo:

1. *Contribuye a que las necesidades sean satisfechas.* La conciencia informa y enfoca a tu paternidad en forma tal que tus esfuerzos por crear un ambiente de crecimiento no resulten mal encaminados.

2. *Da más confianza y motivación en la crianza.* El conocimiento es un cimiento, un punto de partida cuando no sabes qué hacer. Tienes conocimiento de que ha resultado confiable; no estás disparando a ciegas o "saliendo adelante como se puede".

3. *Expectativas apropiadas.* A medida que el mundo le dice a tu hija que "crezca" y "sea una niña grande" sabes lo que ella necesita en realidad, cuál conducta esperar y cómo darle ánimo sin presionarla.

Haz tu tarea

Ve a la biblioteca local y pide ayuda de los expertos en niños. Esto te servirá para ir adelante en el juego referido a tu hijo.

Estarás mejor preparado para la actual etapa de tu hijo pero también estarás listo para lo que viene dentro de pocos años.

Pregunta a tu esposa. En serio. Ella ha soportado nueve meses de extensos cambios físicos y emocionales y, naturalmente, sabe de desarrollo. Si tienes hijas, tu esposa puede ayudarte a entender los cambios por que pasan. Su perspectiva es inapreciable.

Habla con padres mayores. Ellos ya pasaron por esto y están de vuelta y estarán contentos de poder contar sus historias de guerra. Sus conocimientos te ayudarán a anticipar los puntos de tensión de tus hijos y responderles con confianza..

Busca en tus propios bancos de memoria. Tú fuiste niño una vez, con experiencias similares aunque no idénticas. Sencillamente asegúrate de ver cómo fue realmente en vez de cómo piensas que debió haber sido.

Aprende de tu primer hijo. La experiencia con un niño te alertará a los cambios por los cuales pasan los niños pero, recuerda, que las reacciones de cada niño a esos cambios pueden ser diferentes. Los niños no son cifras de una fórmula de la paternidad: son personas únicas.

Recursos recomendados

John M. Drescher, *Seven Things Children Need* (Herald Press).

Paul Heidebrecht, *Time to Go Home* (Great Commission Publications).

Pregúntate a ti mismo

¿Con cuántas de estas declaraciones estás de acuerdo?

1. Tengo un buen manejo de las cosas que enfrenta mi hijo.

2. Entiendo las etapas del desarrollo del niño.

3. Sé cuáles son las necesidades emocionales de mi hijo en una edad dada.

4. Sé lo que puede hacer cada niño a su edad.

5. Sé cómo enseñar responsabilidad personal a mi hijo.

de entrenamiento para las Olimpiadas. La meta para ti y ellos es *descubrir, no rendir.*

Informa a tu hijo sobre lo que observas, particularmente cuando es un elogio. "Vaya, tu esbozo se ve bien. Mirándote dibujar, pude ver que realmente disfrutaste lo que estabas haciendo". Esta información no sólo es una buena oportunidad para darle ánimo a tus hijos sino que también les permite afirmar o corregir tus observaciones y así también averiguas un poco más. "Sí", dirá tu hijo, "me gusta dibujar con carbón pero pienso que soy realmente bueno para la acuarela".

Puedes obtener un ángulo diferente de tu hijo escuchando a tu esposa, a tus otros hijos, sus profesores y entrenadores. En un momento dado sólo ves parte del cuadro, si es que lo ves. Cuando miras un objeto, sólo ves la parte que enfrenta tu dirección. William Whately comentó, en los 1700, que al ser padre "dos ojos ven más que uno".[1] Tu esposa es el otro ojo y, por supuesto, ella está tan interesada en los niños como tú. Pregúntale qué ha observado. Además de contarte sus percepciones de los niños, ella puede darte también información de tu relación de padre con cada uno (algo en lo que fácilmente la mayoría nos cegamos). Padre y madre son un equipo de padres.

También hay otros ojos por los cuales puedes mirar. No esperes hasta la próxima reunión de padres y profesores; llama al profesor de tus hijos y pide un informe de su avance. No sólo pidas notas sino también conceptos sobre la interacción de tu hijo o hija con los otros alumnos. Los entrenadores son también una buena fuente de información. Si hay un equipo deportivo, están evaluando constantemente los puntos fuertes y los débiles para determinar cómo cada jugador puede beneficiar mejor al equipo. Y no olvides los informes de los otros niños. En tardes ocasionales, sentados en torno a la mesa del comedor, hacemos que cada miembro de la familia diga lo que más le gusta de cada uno de los otros miembros de la familia.

En lo referente al uso de drogas, ten cuidado de no suponer que tus hijos son diferentes de los demás niños. Cuando el movimiento de la droga se esparció por Johnson

City, fue la comidilla del pueblo. Mi amigo Dave fue uno de los hombres que iba a los cafés y barberías intercambiando relatos de muchachos que habían sido recientemente detenidos por posesión de drogas. Un adolescente fue hallado dando vueltas por el parque de la ciudad a la caza de leones imaginarios, resultantes de un viaje con LSD. Los hombres con que estaba Dave hasta se rieron de lo que le pasaba a ese muchacho. Aunque la dirección de la escuela estaba tratando con el problema, la mayoría de los padres de la comunidad, Dave incluido, nunca se pusieron a pensar que su hijo o hija podía estar involucrado en eso. Sencillamente ellos no sabían lo que pasaba en las vidas de sus hijos.

Dave era un hombre ocupado. Era corredor de bienes raíces y tenía varias listas que atender. Era un buen proveedor y disciplinador de la familia. Su familia tenía todas las características de una familia exitosa pero Dave tenía muy poco conocimiento específico de su hijo. Quizás estaba demasiado ocupado en el trabajo o no sabía cómo tratar las cosas que confrontaba su hijo John. Después de todo, las drogas no existían cuando él era joven. Cualquiera que haya sido la situación, Dave nunca le preguntó a John por la situación de las drogas en la escuela y, fue a los tres años después que John había empezado a usar drogas con regularidad que Dave supo que ¡su hijo era adicto a la cocaína!

Si Dave hubiera procurado conocer las dificultades de su hijo y las luchas con su propia identidad que habían llevado al niño a la cultura de la droga, podría haber salvado quince años de la vida de John: tiempo que, finalmente, le costó abandonar el hábito de la droga.

No supongas que tus hijos son diferentes de los otros niños cuando se trata de la actividad sexual. Puede que conozcas la estadística que dice que 43% de la juventud que va a la iglesia ha tenido relaciones sexuales antes de los dieciocho años, pero ¿estás abierto a la posibilidad de que tu propio hijo o hija esté en esa cifra?[2]

Un amigo mío era capellán de una universidad privada de la región del oeste medio. Como capellán de esta conservadora escuela, daba consejo a los estudiantes. Un año aconsejó a veinte alumnas que habían ido a hablar con él acerca de problemas referentes a su relación sexual con sus amigos. Cuando empezó a investigar, descubrió rápidamente que ninguna de las alumnas había tenido una relación verdadera con sus padres. Todas dijeron que sus padres estaban ausentes o distantes.

Otro amigo mío que era un ejemplar líder de jóvenes quedó estupefacto cuando su hija lo llamó un día para decirle que estaba embarazada. Él había dado cientos de charlas sobre el sexo a otros adolescentes pero había fallado de alguna manera en saber que su propia hija podía necesitar su ayuda en ese aspecto.

Por favor, no entiendas mal esta sección. No digo que debas controlar la vida sexual de tu hijo. Más bien, digo que tienes que ayudarles a entender la forma en que fueron hechos y que el don de la sexualidad tiene una expresión positiva en la relación matrimonial.

El conocimiento de la sexualidad de tu hijo no tiene que comprender la cruda y directa pregunta: "Así que, ¿andas acostándote por ahí?" Tampoco el conocimiento de la cultura de la droga significa una confrontación automática con tus hijos: "¿Estás usando drogas?" Si no has mostrado interés por sus vidas hasta ahora, es probable que tus hijos se encierren y hasta mientan frente a esas acusadoras indagatorias. Conocer a tus hijos en estos dos aspectos vulnerables significa conocer qué están pensando y sintiendo respecto de estos asuntos. Conversa sobre drogas y sexo con tus hijos pero temprano. Sé abierto, deja que ellos te hagan preguntas. También infórmate de las condiciones de las vidas de tus hijos que los volverían particularmente vulnerables a las drogas o a la actividad sexual. ¿Sucumben muy fácilmente a la presión de sus iguales? ¿Andan buscando un escape o afecto? (Trata las causas, no los síntomas.) Y, por supuesto, infórmate de sus amigos. Las malas compañías corrompen la buena moral.

Resiste concentrarte en una sola cosa en particular. Sigue examinando, evita mirar fijo. El piloto de un avión tiene que hacer varias cosas al mismo tiempo. Debe ajustar constantemente los pedales del timón con sus pies. Con una mano sostiene el volante del avión; con la otra, ajusta el acelerador. Con sus oídos escucha la radio. Con sus ojos está verificando constantemente el mapa y escudriñando el panel de instrumentos. Cuando un padre olvida escudriñar, enfrenta el riesgo de verse atrapado en la misma trampa en que caería un piloto nuevo si verificara solamente el horizonte artificial. Si un piloto mira solamente ese instrumento puede ignorar el nivel de combustible o la presión de aceite, o el hielo formado en el avión y verse en graves problemas.[3] De igual modo no supongas que la escuela es el único lugar donde hay cosas para tu hijo. No supongas que como Jenny es la mejor amiga de tu hija es la *única* amiga suya. Los pocos conocimientos de toda la gama de la vida de tu hijo te sirven más como padre que el conocimiento profundo de unos pocos aspectos.

Interésate en tus hijos pero no seas intruso. Quizás hayas estado esperando todo el capítulo que yo dijera esto. Ciertamente es importante. En todos mis comentarios sobre conocer a tu hijo, no sugiero que el padre se vuelva ojo privado que controle cada movimiento que haga su hijo.

Al desarrollar la perspectiva de la conciencia, hazte el cuadro continuo que va desde no tener conciencia de tus hijos hasta el extremo opuesto de ser intruso. El padre que inconsciente vive en un mundo separado del de sus hijos. Este es un padre permisivo que ha abdicado de su papel. En el otro extremo se halla el padre de la fórmula, que no respeta la privacidad de su hijo. Cuando pregunta, el niño siente que el padre no se interesa realmente por él como persona sino que está indagando para asegurarse de que él no se sale de la fila. Las preguntas son cosa de interés para el padre fiel; para el padre de la fórmula, las preguntas son instrumento de control.

Tan cierto como que el sol brilla (y la lluvia cae) mi vecino golpeará mi puerta en agosto con una brazada llena de productos. Él es un jardinero entusiasta y mi familia es uno de sus muchos beneficiarios. "Miren estos pepinos", dice con tanto orgullo como el padre que muestra fotografías de sus hijos.

Temo que no me entusiasmo tanto como mi vecino por los pepinos, tomates o calabacines, pero es un cuadro impresionante la fruta madurando en la viña. De igual manera, cada día veo algunos niños maravillosamente hermosos que crecen a mi alrededor, en las casas de mis amigos, en nuestras iglesias y comunidades. Atribuyo el éxito a la misma habilidad: cuidadoso conocimiento de nuestros hijos cuando labramos los jardines de sus vidas.

Cinco

SECRETO 3:
Ser consecuente

Hace mucho tiempo vivió el primer cartógrafo del mundo. Me imagino que fue alguien que salió de la puerta de su casa una mañana, miró a su alrededor y dijo: "Sabes, este es un lugar muy grande". Puede que le haya intrigado la vastedad y variedad del paisaje y haya resuelto entender más plenamente donde vivía. Por otro lado, sencillamente puede haber estado cansado de perderse siempre. Cualquiera que haya sido la razón, decidió ponerlo en el papel (o cuero de animal o tablas de piedra). Él fue el primer cartógrafo del mundo, un Rand McNally prehistórico. Él tuvo que empezar desde cero. Si tú tuvieras que hacer el primer mapa del mundo, ¿dónde empezarías? Elegirías un punto de referencia y esbozarías todo lo demás a partir de ahí. "Bien, desde aquí hay veinte pasos en esta dirección hasta que llegas a un árbol. Son quince pasos por este camino y llego a una roca. Son 245.000 pasos en esta dirección y llego a Beijing". Prontamente, por referirte constantemente al punto de referencia, tienes un mapa de toda la tierra.

Este proceso hace que el punto de referencia inicial sea sumamente importante. ¿Qué tal si el primer cartógrafo del mundo hubiera escogido a un animal como punto de referencia, por ejemplo, a un lanudo mamut? Después de todo, un mamut es ciertamente visible desde la distancia y es una marca memorable pero el lanudo mamut no sirve como punto de referencia porque no es fijo, es inconstante. La criatura puede haber estado ahí tranquilamente, bajo el árbol, cuando el cartógrafo empezó su mapa, pero ahora anda pastando en otro campo. Él intenta una vez más, otra vez usando al lanudo mamut como punto de referencia pero, entonces, el animal vaga por el pie de los montes, asoleándose cerca de las rocas. No pasará mucho para que el cartógrafo se confunda, se asuste y, peor que todo, *se pierda*. Cuando llegue donde debiera ser Beijing, se hallará en Schenectady, Nueva York.

Afortunadamente el primer cartógrafo del mundo eligió un punto fijo constante como referencia. En realidad es probable que haya elegido la puerta principal de su propio hogar. El hogar es donde él siempre quiere poder hallar el camino de regreso. En la medida en que sepa dónde está su hogar, puede tener la confianza de salir y explorar el mundo vasto y desconocido.

Los más grandes exploradores que este mundo ha conocido no son David Livingstone ni Cristóbal Colón. Los más grandes exploradores del mundo viven justo bajo tu propio techo. Son tus hijos.

Hablamos de cómo los niños son exploradores naturales. Llevo a mi hijo Joel cerca de una alcantarilla de drenaje y, muy bien podemos estar en las Cavernas de Carlsbad. Él va a la casa y le pide a mi esposa una linterna, cinco metros de cuerda y provisiones para tres días y dos noches. Pero olvidemos los continentes, las cavernas, las montañas y las lunas: *toda la vida es territorio virgen para un niño*. Todo es nuevo y sin descubrir. Un recién nacido explora la respiración entre todas las cosas. Caminar es un fenómeno nuevo. El inglés es un idioma extranjero hasta para un estadounidense, si ese estadounidense tiene seis meses de edad.

Después de un tiempo, las experiencias empiezan a acumularse y la novedad se desvanece. Para el momento en que el joven explorador entre al kindergarten, ni siquiera pensará en respirar, caminar, hablar, en el color amarillo o el sabor

SER CONSECUENTE

Para evaluar si eran consecuentes, los padres fueron encuestados sobre si eran constantes o inestables en sus pautas de conductas, de temperamento uniforme o siempre variable en sus emociones y predecibles o erráticos en la manera de tratar a sus hijos. Los resultados del examen se representan en el siguiente gráfico:

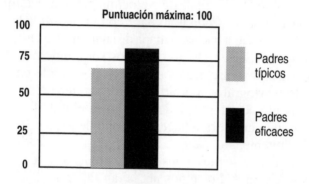

Los padres eficac es tuvieron 80% de la puntuación máxima de la escala de la consecuencia, mientras que los padres típicos tuvieron 68%. En otras palabras, los padres eficaces tuvieron puntuaciones 18% superiores en los asuntos acerca de la regularidad en los hábitos paternales y las características personales.

de la mantequilla de maní o la sensación de las sábanas de su cama. Él ya tiene trazados en el mapa esos artículos. Pero sigue siendo constantemente empujado al borde de su mapa e interceptado por nuevos fenómenos y experiencias.

Él explora el sentarse en una sala de clases, obedecer a otros adultos, las reglas de la zona de juego. También la suma y la resta, su primer diente flojo, su primera caída. Además hay mucho territorio interno que descubrir. ¿Qué significa estar enojado, triste o enamorado? Llegará la hora en que explorará su sistema de creencias y tratará de discernir si hay un Dios y qué hacer con esta persona de Jesucristo del cual sigue oyendo. Sólo un adulto puede entender las palabras de Salomón: "Y nada hay nuevo debajo del sol". Todo es nuevo para el niño. Ellos están descubriendo el mundo por primera vez. Ellos son los primeros cartógrafos del mundo.

No sé qué gránulo de saber da Dios al recién nacido. Quizás haya unos cuantos datos programados en nuestros genes y Dios dice: "He aquí, empieza con esto". Es más probable que Dios no nos dé conocimiento sino habilidades para hacer mapas. Cada niño nace con las habilidades bási- cas para empezar a hacer un mapa de su mundo, a encontrarle sentido y a vivir en él. No debemos sorprendernos de que estos pequeños cartógrafos empiecen por donde empiezan todos los cartógrafos: por un punto de referencia.

El punto de referencia de un niño en el mundo, el lugar desde donde empieza a hacer un mapa de todo su universo es, obviamente, sus padres. Es crucial que sus padres sean personas consecuentes: constantes y predecibles en sus per- sonas y acciones. Los niños necesitan saber a qué atenerse: dónde pueden encontrarte, y esto se aplica a tus estados de ánimo, a tu conducta y a tus horarios. Si eres inconsecuente, ellos se perderán en un mundo grande y aterrador.

En cierto sentido, como veremos después, es aun más importante que el padre, no tanto la madre, sea una persona consecuente. Ser consecuente es uno de los siete secretos de un padre eficaz. En realidad es en este aspecto que los padres eficaces obtuvieron puntuaciones significativamente supe- riores que los otros papás.

El padre consecuente

Ser consecuente, definido sucintamente, es *ser constante y predecible*. Cuando el hijo de un padre consecuente inte- ractúa con su papá, sabe a qué atenerse. Hay pocas sorpresas y ningún temor.

El padre eficaz es consecuente en su persona y en sus acciones. Este padre domina sus estados de ánimo. Él no es afectuoso en un minuto y se enoja en el siguiente, sin indicar que la marea estaba por cambiar o sin razón para este súbito cambio de ánimo. Los padres inconsecuentes son erráticos en cuanto a emociones. Años después, sus hijos se pondrán de pie y confesarán, a menudo a través de lágrimas: "Cada vez que me acercaba a mi papá, no tenía idea si me iba a abrazar o a pegar". Ser un padre pasivo-agresivo es algo que debemos evitar.

El padre consecuente también domina su conducta. En lo básico esto significa que sus hijos pueden contar con que él sea siempre su padre, siempre volviendo a casa. Los niños de un padre inconsecuente viven con la sensación amenazadora de que las maletas de su padre están listas al lado de la puerta. Temen que un día su papá se pare de la mesa del comedor, ponga su servilleta sobre el plato y anuncie: "Me voy para siempre. Buena suerte y adiós".

No pasa así con el padre consecuente. Los hijos del padre consecuente saben que cuando su padre se va a trabajar, con un beso y un "nos vemos más tarde" él quiere decir precisamente eso. "Volveré".

Él también domina su conducta practicando lo que predica. Cuando promete algo, sus hijos pueden contar con que lo cumplirá. En la película *Hook*, Robin Williams, el exitoso abogado de Wall Street, que es un padre inconsecuente, se vuelve a su hijo y le dice: "Cuando volvamos, iré contigo a todo el resto de tus juegos. Te lo prometo. Mi palabra es mi prenda". Su hijo, víctima de numerosas promesas rotas, replica, "Oh, sí. La prenda de basura".

El padre eficaz no hace promesas que no puede cumplir y cumple las promesas que formule. Él también practica lo que predica siendo consecuente en su conducta moral; no dice una cosa y hace otra. Evita la hipocresía a toda costa. Si predica a sus hijos sobre la mentira, él después no engaña en sus impuestos. Si se pone de pie en la recepción de la boda de su hija y propone un brindis por la santidad del matrimonio, no se sienta de nuevo e inmediatamente empieza a tramar una aventura con la linda mujer que vio sentada tres mesas más allá.

81

Consecuente respecto del tiempo

Estos elementos de ser consecuente pueden no sorprenderte pero déjame hablarte de otra característica de ser consecuente que se advierte en los padres eficaces. Puede que nunca antes lo hayas pensado pero los niños anhelan constancia en el horario y hábitos diarios de sus padres. En cualquier momento del día, independientemente de donde pudiesen estar, los niños gustan de saber dónde están sus padres y qué están haciendo. Aquí es donde los padres que trabajan con horario fijo pueden aventajar a los padres que son empresarios.

Mi padre trabajaba con horario fijo en una fábrica. A las 6:30 de la mañana se iba al trabajo. Cuando era las 4:30 sabía que ese automóvil que estaba entrando a casa era el suyo. Puede que nunca hayas considerado que el acto de levantarte cuando tu reloj despertador suena cada mañana, fuera un hábito que agrada a tus hijos, pero así es. El ser consecuente también se aplica a los pasatiempos e intereses del padre. Hay algo inquietante en un padre que súbitamente vende todo su equipo de carpintería para poder tomar lecciones de golf durante un mes, antes de descubrir, repentinamente, que su interés 'real' son las carreras de camiones monstruosos.

Los niños necesitan padres consecuentes. Ahora bien, puedes acusarme de alegar en pro de ser un padre aburrido, rutinario, y pegado a la monotonía. Puede que pienses que nuestros padres eficaces son un montón de anticuados. Bueno, que así sea. Si nuestros hijos necesitan padres torpes, seamos padres torpes. Pero no abogo por la torpeza sino por el ser consecuente. Un niño dijo: "Sí, mi papá es muy divertido. Nos juntamos para las cenas familiares y siempre él tiene algo para sorprendernos". Pero fíjate en que este vivaz y ameno papá también es consecuente. Él es constante para comer en familia y sin embargo es también divertido; no es bullicioso en una comida y, luego, gruñón en las otras. Sus sorpresas son siempre agradables no bombas como "me voy". Sus hijos saben a qué atenerse: un rato entretenido en forma habitual.

Padre, hijo, mundo

Cuando hablas de ser consecuente en realidad comprendes tres entidades, no sólo dos. Estás hablando de un padre, un hijo y el mundo.

Imagínate un compás, esa clase de compás que usas para dibujar un círculo. Un brazo del compás está firme en un punto fijo en el centro de la página. No se mueve. O se inclinará hacia el otro brazo cuando éste se mueve alejándose del centro pero la punta del brazo central sigue firme. En nuestra analogía este brazo central es el padre. El otro brazo es donde tiene lugar la acción. Está allá afuera moviéndose alrededor de la hoja de papel, dibujando la línea, circunscribiendo y explorando. Rara vez se halla en el mismo lugar dos veces. En un momento está en la parte de arriba del papel y, al siguiente, se ha ido abajo. Pero este brazo del compás no se mueve en forma errática. Está dibujando un círculo cuidadosamente definido. El radio es constante, los arcos son iguales, los senos y los cosenos son fácilmente calculables. Cuando el brazo ha dado todo el círculo, ha creado un círculo que, casi, te imaginas colgando en el espacio, como el mundo. El brazo puede moverse y crear círculos más y más grandes pero cada uno de ellos será perfectamente concéntrico. ¿Por qué? Porque este brazo que se mueve, rota y explora, está firmemente anclado a un punto de referencia fijo.

Este hijo tiene un padre consecuente.

La atención de este hijo puede parecer que no está enfocada en el padre. Después de todo, él está afuera dibujando y explorando pero, también, está muy apegado a su papá y toma de él sus orientaciones acerca de cómo moverse por el mundo.

El tercer componente es el pedazo de papel. Al comienzo está en blanco, vacío e indefinido. Es territorio inexplorado y, como un vasto campo del vacío ártico, puede parecer intimidatorio. Pero padre e hijo que formen un equipo como el compás pueden ir y venir diestramente por la página. Tu hijo hará su parte. Él no puede evitarlo, tiene que explorar pero ¿harás tú la parte tuya? ¿Serás *consecuente*?

¿Qué pasaría si el brazo fijo del compás decidiera repentinamente moverse unos centímetros y, luego, subir unos milímetros? El bracito del otro extremo seguiría dibujando pero empezaría a preguntarse por qué nunca terminó en un todo definido de nuevo. Nada tendría sentido. La página se vería como si hubiera sido rayada, con muchos arcos exploratorios pero nunca con la satisfacción de ver que la curva del arco volvía junto al punto de partida. El niño llegaría a un punto en que dejaría de explorar por miedo de hallarse, de súbito, saliéndose del borde de la página.

El padre consecuente es un punto de referencia que da seguridad, dirección y confianza en la vida del niño.

Conquistando el mundo con papá

Las madres consecuentes también son importantes. Conozco a una niña cuya madre tuvo muchos romances. La madre volvía después de cada uno y se los contaba a su joven hija. Ahora esta niña tiene un aire raro. Si caminas detrás de ella, aun lenta y tranquilamente, ella puede darse vuelta, retroceder con violencia y emitir un grito sofocado. Nunca se acostumbró a los fuertes ruidos de su madre.

Pero los padres consecuentes tienen una importancia única: uno de sus funciones específicas como padre es introducir a sus hijos en el mundo. Decimos: "Es un mundo masculino". Esto no tiene que significar que los hombres controlan en forma chauvinista todo el poder del mundo. Podría significar que el mundo es la cancha donde operan los hombres. ¿Cuál ha sido el modelo tradicional del hijo para "salir al mundo"? Tradicionalmente ha sido el padre.

Todas las mañanas papá se prepara en forma especial: se afeita, se ducha, revisa su maletín, toma la bolsa con su almuerzo. Se pone un uniforme especial: traje y corbata, overoles o una vestimenta oficial. Se sube al auto y *se va*. Se va al desconocido y hasta extraño mundo llamado "trabajo" o "la oficina".

Erma Bombeck cuenta que cuando era niña acostumbraba a jugar a la casita con sus muñecas. Siempre sabía qué

CÓMO ACTÚA UN PADRE CONSECUENTE

¿Cómo se vuelve un hombre en una persona más consecuente y, así, en un padre más eficaz? Una manera es que entienda todas las diferentes maneras en que sus niños necesitan que él demuestre que es consecuente. Permítame hacer de nuevo la lista. La investigación señala que un padre eficaz es consecuente en su:

- cambio de estado de ánimo
- presencia en la familia
- cumplimiento de las promesas
- moral y ética
- horario diario
- pasatiempos e intereses

hacer con la muñeca madre y las muñecas hijos pero el muñeco padre era una interrogante. Así pues, solía vestirlo y hacer que anunciara "ahora me voy al trabajo" y colocaba el muñeco papá debajo de la cama por el resto del día.[1] El modelo que tiene el niño en lo tocante a salir al mundo desconocido suele ser el del padre. El niño mira al papá para ver cómo se hace la exploración del mundo.

Gordon Dalbey, autor de *Healing the Masculine Soul,* dice que es algo más que cuestión del itinerario masculino.

El padre es aquel que saca a su hijo e hija fuera de los seguros confines del hogar llevándolos a los riesgos que están en el mundo.

Sin embargo, lo que hace que los niños puedan aventurarse es que los riesgos están controlados: el padre está ahí para ellos y es consecuente. Dalbey usa en sus seminarios el ejemplo de un padre que ve a sus hijos que están mirando por la ventana. Es sábado y está lloviendo. Pero el papá anuncia: "Vamos niños, salgamos a pasear". La mamá oye esto y dice: "¿Qué? ¿Te volviste loco? Se van a mojar". La madre no está aguando la fiesta: sencillamente está desempeñando su papel. Cuando llueve puede ser muy placentero quedarse adentro al lado de un fuego tibio comiendo rosetas de maíz, pero también entusiasma salir y dejar que la lluvia corra por la cara, saltar en los charcos y regoger los gusanos que están en la acera. El padre dice a su esposa: "No te preocupes, nos pondremos los impermeables y yo me aseguraré de volver a entrar antes que nos enfriemos". Es un mundo peligroso allá afuera pero el padre también está ahí y sus hijos saben que él es confiable.[2]

Uno de los directores del Centro viene de una familia de niños aventureros. Su hermana mayor es misionera en países musulmanes. Su hermano menor ha tomado lecciones de maniobrar en paracaídas. El mismo Lowell ha trepado montañas en las Rocosas y los Himalayas. Una vez le pedí a Lowell que recordara una imagen de su padre. La imagen que surgió de inmediato a su mente fue la de un muelle en el lago Superior, en la costa de la península norteña de Michigan. "Papá estaba en el lago, a metro y medio de la punta del muelle, donde el agua nos tapaba. Laurel y yo corríamos por el muelle y saltábamos al agua. Nos hundíamos pero sentíamos sus manos que nos sacaban a la superficie. Él seguía sosteniéndonos hasta que pataleábamos en un lugar donde podíamos hacentar nuestros pies. Luego, subíamos al muelle y empezábamos de nuevo".

El agua del lago Superior es muy helada pero si sabes que tu padre estará constantemente ahí para sacarte, no es gran cosa saltar del muelle o, después, al matrimonio y una carrera. Los padres consecuentes son importantes porque afectan particularmente la manera en que el niño ve el mundo. Recuerda, si no estás donde se supone que estés, tus hijos pueden ahogarse.

Puntos de referencia

Cuando yo era niño, igual que muchos, me gustaba jugar al béisbol. Mi padre practicaba consecuentemente conmigo más de lo que lo hacía el equipo. Recuerdo que me levantaba en las mañanas sabatinas y golpeaba pelotas hasta cansarme. Estoy seguro de que él quería que lo hiciera bien puesto que él era el entrenador. Y, por lo general, lo hacía.

Nunca pensé en la obra de papá conmigo hasta que, en cierto año, un niño llamado Tom se unió al equipo. Tommy era gordo, descoordinado, inseguro y destinado a ser la vergüenza del equipo.

Una noche, después de un par de semanas de observar que Tom salía del lugar del bateador y hacía tiros locos para abandonar desanimado el campo de juego, mi papá sugirió que Tommy se quedara después del entrenamiento. Durante esa tarde, le tiró a Tommy pelota tras pelota hasta que el niño, por fin, le dio a una. Corrió de vuelta al lugar del bateador pero Tommy y papá parecían contentos.

Tommy salía del lugar del bateador cuando tiraban la pelota porque tenía miedo de que le pegara. Durante los partidos de pelota, su forma de saltar era ridiculizada por todo el equipo. Pero esa tarde mi padre le mostró cómo mantener su codo en alto; en caso de que hubiera un tiro loco, él estaría a salvo.

A medida que avanzó la temporada, Tommy fue ganando confianza. Sus abuelos lo traían todas las semanas a medida que fue participando en el equipo. Por último, hacia el fin de la temperada, teníamos un partido importante y uno de esos momentos melodramáticos en que... adivinaste, los corredores estaban en la base en un último turno y Tommy fue a batear. Mi papá era un entrenador que opinaba que todos los miembros del equipo debían batear y jugar durante el partido. (Esto era antes de la regla de todos incluidos que hoy es común en la Liga Menor). Cuando Tommy salió a la cancha, todos nos lamentamos. Seguro de que había practicado mucho pero otro *strikeout* (ponche) todavía parecía inevitable.

Tommy salió del cobertizo anunciando: "Voy a golpear esa pelota". No creíamos nada. Era otro dato útil que mi padre había enseñado a Tommy: "Di para ti mismo: 'Voy a golpear esa pelota'", pero, para sorpresa nuestra, él siguió diciendo eso una y otra vez. No sólo para sí mismo sino cada vez más fuerte, de modo que lo escuchó todo el mundo. El árbitro, el lanzador y mi padre lo oyeron, así como los abuelos de Tommy.

Recuerdo que el lanzador del equipo rival sonreía cuando Tommy se balanceó mucho y erró el primer lance. Luego vino un segundo tiro y otro balanceo loco. *Strike* dos.

Tommy estaba solo en al cancha pero no solo en realidad. Él estaba enfrentando el incierto mundo del tercer lance. Podía ser golpeado y avergonzado. Pero también estaba firmemente anclado en una atmósfera de consecuencia. Él tenía el constante apoyo de sus abuelos, fielmente sentados en las tribunas, y también tenía la guía regularmente dada por su entrenador, mi padre. Él creía en una visión constantemente ensayada: "Voy a golpear esa pelota".

El tercer lance llegó pero dio la vuelta derecho de regreso, por encima de la cabeza del que cubre la segunda base y salió del cuadro. Tommy había golpeado la bola. Todos, hasta Tommy, nos quedamos impactados por lo sucedido. Pero no mi papá. Él le gritaba a Tommy que corriera a la primera base.

Una carrera anotada.

Desafortunadamente hay muchos ejemplos más de la inconsecuencia del padre. Yo conozco a un hombre que se llama Lewis que tenía un perro (pequeño y lanudo) de nombre Petey. El perro dormía tranquilo a lo largo de una pared y Lewis se deslizaba silencioso hasta el animal. De pronto Lewis levantaba su mano en el aire, poniendo sus dedos como garras y gritaba: "¡Petey, gato, gato!" Petey despertaba sobresaltado con un aullido y, luego corría a la puerta, donde gemía y temblaba.

El tratamiento que Lewis daba a Petey era un emblema de lo que hacía con sus hijos: la conducta inesperada y errática que los dejada asustados e inseguros. Él saboteó a sus hijos hasta devastarlos. Recuerdo claramente que una vez que estuve en su casa, lo oí gritar en otra habitación: "¡Auxilio, auxilio!" Entré corriendo en la pieza, viéndolo de espaldas en el suelo. Uno de sus hijos adultos estaba encima de él, golpeando al viejo con sus puños.

Con escasa compostura y mucha vacilación, aparté a los dos hombres. Procedí a decirles a ambos, padre e hijo, que su comportamiento era una vergüenza. No me daba cuenta de que un fusible generacional había hecho cortocircuito entre Matt y Lewis. La sobrecarga había estado aumentando por mucho tiempo. Cuando Matt era niño, Lewis había sido en un rato el padre sabio y nutriente y, en el siguiente, alguien que se burlaba, con palabras, de sus hijos y los dejaba que se las arreglaran solos.

La gota que rebosó el vaso fue algo que Matt había visto a su padre hacer la tarde anterior. Matt iba en dirección a la casa, manejando el automóvil por las calles de St. Louis cuando divisó a su padre con una prostituta. Matt era adulto pero aun así, no tenía la capacidad (ninguno la tenemos) de reconciliar en su mente a un hombre que puede pararse en la mesa del comedor y decir, con llanto, oraciones de consagración a Dios y, en el siguiente instante susurrar su devoción a una prostituta. Todo el mapa que Matt tenía de lo que debía ser el mundo sencillamente se había derrumbado.

Lewis era inconsecuente en otros aspectos. Sus promesas sin cumplir eran devastadoras. Él era dueño de una empresa de construcción en St. Louis. Cuando llegó el momento de jubilarse, dijo a sus hijos que quería venderles acciones de la compañía. Uno dejó un empleo bien remunerado en Michigan. Otro hijo mudó a su familia desde Atlanta. No mucho después de que habían vuelto a Missouri, Lewis les anunció que había vendido las acciones prometidas a otros miembros de la compañía.

Conozco a los muchachos de Lewis. Hasta de adultos aquellos que no han buscado curación son como volantines (cometas) que flotan en el cielo, sin ataduras a nada en la tierra.

Como parte de un programa carcelario de Minnesota, el Centro Nacional pidió a algunos reos que escribieran un aviso imaginario pidiendo un papá. El requisito con más frecuencia mencionado por esos presos fue que fuera digno de confianza. Querían a alguien con quien pudieran contar. Un hombre le escribió una carta a su papá la cual terminaba:

"La última vez que hablé contigo, dijiste que ibas a abandonar a mi madrastra y a sus hijos cuando estos crecieran. ¡Por qué no pudiste esperar hasta que *nosotros* estuviéramos grandes!" En esencia, este preso deseaba que si su papá tenía que ser inconsecuente, no podría haber sido, como mínimo, "consecuentemente inconsecuente"?

Cuando se trata de puntos de referencia, los niños se agarran de cualquier cosa.

Cómo ser más consecuente

¿Cómo hace un hombre para llegar a ser persona más consecuente y, así, un padre más eficaz? Una manera es que él entienda las diferentes formas en que sus hijos necesitan que él demuestre ser consecuente. Permítame hacer de nuevo la lista. La investigación muestra señales que un padre eficaz es consecuente en su:

- cambio de estado de ánimo
- presencia en la familia
- cumplimiento de las promesas
- moral y ética
- horario diario
- pasatiempos e intereses

De estas categorías la mayor lucha puede ser la de ser consecuentes en sus cambios de estado de ánimo pero es una lucha en la que puedes triunfar. Muchas veces los hombres que son inconsecuentes en sus emociones son así porque tuvieron padres inconsecuentes. Podríamos decir que ni siquiera son capaces de ordenar sus vidas emocionales cuando son adultos porque les faltó un buen punto de referencia desde el cual trazar un mapa laborable del mundo emocional.

"Cuando me acercaba a mi papá nunca sabía si iba a abrazarme o a pegarme". El lugar donde más he oído esto es en grupos como Hijos Adultos de Alcohólicos e Hijos Adultos de Familias Disfuncionales. Aquellos que trabajan con estos grupos te dirán que hay algunas cosas que todas las familias disfuncionales tienen en común. Una característica común es que los miembros de esas familias no saben lo que es normal. Oirás en realidad que algunos niños confiesan después que sencillamente supusieron que todos los padres beben alcohol o que todos los padres son emocionalmente distantes. ¿Qué es normal? ¿Los estallidos de ira súbitos de mi papá son típicos de la mayoría de los padres? ¿Ese vuelco rápido del afecto a la impaciencia es un retraso del tiempo común? *Los hijos de padres inconsecuentes no lo saben.*

Otra característica de las familias disfuncionales es que no sienten. Hay tanto dolor en un hogar disfuncional que la mayoría de los miembros se alejan. Piensan, *si no me permito sentir, no me dolerá tanto.* Ellos tratan de ponerse insensibles pero rara vez lo logran. Nuestras emociones son parte de nosotros como personas. No podemos cortar nuestras emociones más de lo que podemos detener nuestro pensamiento o terminar nuestra toma de decisiones. Sin embargo, lo que podemos hacer, cosa hecha por muchos hijos de hogares disfuncionales, es ignorar nuestras emociones y no permitirnos expresarlas. Cuando renunciamos al control de nuestros sentimientos y controlamos su expresión, damos rienda suelta a nuestras emociones. Van y vienen erráticamente y revientan cuando así les parece.

Todos los hogares tienen cierto grado de disfuncionalidad, tal como todos los padres, aun los más eficaces, tienen cierto grado de inconsecuencia. Si tienes problemas particulares para dominar tus cambios de ánimo, puede ser porque también tuviste un padre inconsecuente o uno que fue un punto de referencia inconstante para las emociones. Pero para estos hombres *hay buenas noticias.*

¿Qué haces como cartógrafo si tu punto de referencia es inadecuado? La respuesta parece lógica: busca un nuevo punto de referencia. Que otra persona te enseñe de las emociones, la masculinidad, de la paternidad y a vivir humildemente con Dios.

El personal del *National Center for Fathering* (Centro Nacional de la Paternidad) suele oír que me refiero a *rectificar el rumbo a mitad del camino.* Ese es un término náutico que ha llegado a ser uno de mis favoritos, pese a que he vivido una vida amarrada a la tierra, salvo una temporada en Vancouver. Una de las razones para gustar de esta expresión es que es una forma positiva de enfocar las crisis de la vida. Si nosotros, los padres, pudiéramos rectificar el rumbo a mitad del camino en forma habitual y sabia, podríamos evitar muchas crisis de la vida.

Los marinos hacen correcciones del rumbo. Están navegando hacia su destino, quizás hacia Vancouver, y a intervalos regulares, el navegante toma su sextante y hace una lectura de la Estrella Polar. Consulta sus cartas. Quizás informe al capitán, "tenemos que corregir el rumbo en dos grados al nornoreste".

La esencia de la corrección del rumbo es la referencia a la norma, volver al punto de referencia. Esto es fácil de hacer para quienes tuvieron padres consecuentes. Los mapas que sus papás les ayudaron a esbozar son exactos y sólo tienen que seguirlos fielmente. Para los padres que tuvieron papás inconsecuentes, la corrección del rumbo a mitad de camino puede ser un hecho más importante. Puede que tengan que mirar su mapa emocional, admitir que está todo mal y tirarlo por la borda. Tal como el capitán con su tripulación, el padre entregado se vuelve entonces a su familia —aquellos que es responsable de llevar a salvo al puerto— y dice: "Porque los amo y quiero guiarlos con seguridad, voy a hacer el esfuerzo de trazar un mapa nuevo".

Busca una nueva norma.

Yo he estado investigando a los padres desde hace más de cinco años y no creo haber descubierto una verdad más profunda que esta: Los padres firmes se relacionan con otros padres. Me siento tentado a usar parte del presupuesto del Centro Nacional para comprar espacio en letreros de propaganda de todo el país para anunciar ese mensaje en letras destacadas. (Si alguna vez vas a un restaurante chino y encuentras esa frase en una galletita de la suerte, sabrás que he tenido otras ideas innovadoras.)

Los padres firmes se relacionan con otros padres.

Para muchos hombres ese otro padre es su propio papá: un líder respaldador que modela el amor y la integridad. Pero los padres firmes —muchos de los cuales tuvieron que superar difíciles infancias— también hallan sabiduría, aliento y responsabilidad de rendir cuentas en otros hombres fuera de su propio padre. Si estás buscando otro punto de referencia de la paternidad, padre, vuélvete a otros padres. Busca hombres que estén entregados a la paternidad, que sean eficaces con sus hijos y aprende de ellos. Cuéntales tus propias luchas como padre. No tienes que avergonzarte de estas luchas; encontrarás cuán corrientes son esas luchas. La diferencia es que los padres eficaces saben cómo responder a esas luchas y tendrán mucho gusto en señalarte el camino.

Lo más importante es que un grupo de otros padres te dará ánimo. Te dirán que sigas adelante y encontrarás fuerza en su amistad, lo que te permitirá hacer cosas sorprendentes.

Todos sabemos que puede costar mucho desarrollar amistades masculinas. Pero podemos usar para nuestro provecho algo más que sabemos de las amistades masculinas: tienden a desarrollarse en torno a tareas y actividades. Los hombres se juntan para pasar una semana de cacería. Tu compañero vendrá a ayudarte a trabajar en tu automóvil. La paternidad es una tarea en la que los hombres pueden congregarse. En efecto, ya lo están. Hay un movimiento de la paternidad en marcha en este país, y la mayor prueba de ello es la cantidad de pequeños grupos que los hombres están formando en las iglesias y comunidades. Estos hombres están dedicados a ayudarse mutuamente para llegar a ser mejores padres. (Si te gustaría formar un pequeño grupo de padres en tu iglesia o empresa o comunidad, escríbenos al Centro Nacional. Podemos darte un programa.)

Pero los padres firmes no se quedan en las relaciones mutuas con otros hombres; nuestra investigación también indica que muchos tienen una relación con Dios. Si están buscando una norma inmutable por la cual ordenar tu vida, qué mejor elección de un punto de referencia "que desciende de lo alto, del Padre de las luces, en el cual no hay mudanza, ni sombra de variación" (Santiago 1:17).

En efecto, esta es una señal de un padre eficaz que dirige a su hijo a un punto en que pueda decir: "He hecho lo mejor que puedo para llevar una vida consecuente ante ti, para ser una referencia confiable por la cual puedas hallar tu lugar en el mundo pero, como bien sabes, hay cosas que no sé y cometo errores. Hago lo mejor que puedo pero si me eliges como centro de tu universo, con el tiempo te encontrarás perdido. Permite que cumpla mi deber más importante como punto de referencia presentándote una referencia más estable y más confiable. Yo he sido tu padre terrenal pero ahora quiero que aceptes al Padre celestial y traces los mapas de tu vida de acuerdo con Él".

En la Edad Media, los hombre pensaban que la tierra era el centro del universo y que todas las esferas celestes giraban en torno a ella. Este conocimiento bastaba para explicar las revoluciones de la luna y también interesaba a los hombres en el estudio del sol que calienta y alimenta a la tierra. Pero, entonces, Galileo estudió el sol y concluyó que *el sol* era en realidad el centro del sistema solar y que todos los planetas, incluso la tierra, efectuaban sus revoluciones en torno *al sol.* Hubo que volver a trazar los mapas mentales pero, entonces, todo cobró sentido. El universo se volvió mucho más vasto y sobrecogedor y nuestros mapas sirvieron mejor. Por ejemplo, por fin pudimos hacer un mapa del tiempo y hacer calendarios exactos.

La dificultad que a menudo tenemos para aceptar a Dios como punto de referencia de nuestra vida surge del hecho que muchos tuvimos modelos negativos de padre. Es comprensible que tendamos a injertar nuestra relación con nuestro padre terrenal en la relación con nuestro Padre celestial. Un amigo mío me cuenta de una curso de teología del seminario a que asistió hace años, en que el profesor les pasó un cuestionario personal el primer día del semestre. Muchas de las preguntas de la encuesta se referían a cómo veía el estudiante a su padre y a la relación que tuvo con Él. Se recogieron las encuestas y no se habló más del asunto. Los estudiantes se olvidaron de eso durante los rigurosos meses de estudio de la primera persona de la Trinidad: sus atributos, su obra y sus palabras. Al final del curso, el profesor les pasó una segunda encuesta. Esta vez se esperaba que los estudiantes anotaran, sinceramente, cómo veían a Dios y qué sentían respecto de sus relaciones con Él. Las preguntas eran, efectivamente, las mismas de la primera encuesta pero reorientadas a Dios Padre, no a sus padres terrenales. Cuando el profesor entregó ambas encuestas, incluyendo la previa olvidada, los estudiantes se asombraron al ver que aun después de todo un semestre de estudiar a Dios, seguían con problemas para diferenciarlo de sus padres terrenales en el aspecto de la relación. Las imágenes que tenían de sus padres influían sus ideas de Dios.

Este es el truco. Tenemos que entender que cuando Dios se revela como Padre no usa simplemente la palabra "padre" como una metáfora. No es que Él sea *como* un padre. Él *es* un padre y es *tu* padre. Dios *es* un padre en un profundo sentido muy real. En efecto, fíjate en las Escrituras que cuando Dios se relaciona a los padres terrenales es para mostrar cuán por encima de comparaciones está. Por ejemplo, cuando Jesús dice:

"Pues si vosotros, siendo malos, sabéis dar buenas dádivas a vuestros hijos, *¿cuánto más* vuestro Padre que está en los cielos dará buenas cosas a los que le pidan? (Mateo 7:11, énfasis añadido).

Dios es un padre y Él es tu padre.

La ventaja de esta verdad —la manera en que nos libera— es que podemos dejar que Dios nos revele qué tipo de padre es. No tenemos que suponer que es una figura autoritaria, distante e inconsecuente. Podemos dejar que nos muestre quién es: compasivo, consecuente, inclinado a nuestro bien. Yo he animado a muchos hombres a que digan esta oración: "Padre Celestial, muéstrame qué tipo de padre eres". Dios responderá esta oración y tu mapa nunca será el mismo otra vez.

Las relaciones con otros padres y con el Padre celestial te darán el aliento y los recursos que necesitas para volverte más consecuente en tu vida emocional. Pero el proceso aun requerirá cierto trabajo duro. Tendrás que hacer un inventario de las emociones que se revuelven dentro de ti e identificar aquellas que te causan problemas particulares como padre. También tendrás que ser vulnerable ante tu esposa e hijos, confesando que estás luchando con la rabia o la depresión o alguna otra clase de emoción pero, que estás esforzándote para ser menos errático en tus cambios de ánimo. Asombrosamente aun esta misma confesión ayudará a que seas consecuente. Tus hijos verán que aunque tus estados de ánimo sigan inconsecuentes por el momento, por lo menos tienes el deseo constante de tratar con ellos.

Sin embargo, la inconsecuencia puede aparecer en más aspectos fuera de tus emociones. Permite que te ofrezca algunos datos más para llegar a ser un padre más consecuente:

Cumple tus promesas. Así de sencillo. El Talmud dice: "Nunca dejes de darle a un niño algo que le has prometido porque de esa manera aprende a mentir".[3] Uno de mis mayores problemas con las promesas es que las olvido. Mis intenciones son buenas pero mi memoria es débil. Así que de vez en cuando trato de sentarme a repasar la lista de mis cinco hijos, preguntándome: ¿Les he prometido algo a alguno de ellos que no cumplí? Le pregunto lo mismo a mi esposa y hasta a mis hijos.

Cierto es que hay ocasiones en que es imposible cumplir una promesa. Las circunstancias pueden irse fuera de nuestro control. Durante esos momentos es importante que le expliques completamente por qué no puedes hacer lo que dijiste que ibas a hacer. Ten cuidado de no pasar por encima de la promesa con un rápido "Olvídate de eso" o "Estas cosas pasan, ¿bien?" o "Después te lo daré?" Recuerda, la obligación sigue siendo tuya. Tú asumiste esa responsabilidad cuando diste tu palabra. Tienes que demostrar que consideras que tu promesa es válida y obligatoria; si no puedes cumplirla, por lo menos harás el esfuerzo de dar una explicación satisfactoria.

Cuida lo que dices. Si empiezas a dar más explicaciones que cumplimientos de promesas, debes interrogarte si no estarás prometiendo demasiado. Sé sabio. Si las condiciones parecen favorables para ir al zoológico el sábado pero sabes que hay otras obligaciones que pueden imposibilitar el paseo, ten cuidado de entrar bailando a la sala y anunciar: "Oigan niños, ¿les gustaría ir a ver los elefantes este fin de semana?" Los únicos elefantes que puedes ver serán los que andan por la casa en la mañana del sábado, gritando descorazonados "pero tú dijiste, tú dijiste". Tu palabra es tu lazo.

Regulariza tu horario de trabajo. Si es posible, ve al trabajo a la misma hora cada mañana y vuelve a casa a la misma hora en la tarde. Ese horario ayuda a la atmósfera de regularidad y predecibilidad de tu casa.

Si tu empresa exige que viajes mucho, piensa en hacer un itinerario para que tu esposa lo comparta con los hijos. De esa manera, ella puede mantenerlos informados de dónde está su papá en todo momento. El papá no "se fue". Él está en Chicago, o subiendo a un avión en Atlanta o en una reunión en el hotel Hyatt Regency de Kansas City durante una hora.

Planifica un tiempo programado para la familia. Cuando te sientes con tu calendario de bolsillo a planificar la semana o el mes, planifícalos teniendo presente a tus hijos. Anota (no con lápiz borrable) las tardes y las horas de ese período que están designadas como tiempo para la familia. Luego, como con cualquier otra cita prioritaria, protege esos horarios. Un colega mío, Blake Ashdown, acaba de ser citado por el *Wall Street Journal* diciendo que cuando se trata de equilibrar el trabajo y las actividades con la familia: "He empezado a controlar las actividades de mi vida más que dejar que ellas me controlen a mí".[4] Lo creas o no, tú *puedes* programar tus otras actividades en torno a tu familia en lugar de dar a otra cosa tu mejor tiempo y colocar a tus hijos en el tiempo que sobra. La clave es, no obstante, programar. Tienes que planificar con anticipación; de lo contrario, algo importante siempre surgirá y te alejará de casa.

Programa tiempo para la familia en forma habitual y notifica a tu familia: "Todos los viernes por la noche, he planeado sencillamente ser de ustedes".

Desarrolla un pasatiempo, oficio o habilidad que tú y tu familia disfruten. Debe ser una actividad a la cual puedan todos regresar de vez en cuando. Puede ser algo tan atrayente como un negocio familiar ("Smith e Hijos Taller de Mecánica") o tan disfrutable como un pasatiempo (jardinear, pasear en canoa). Acabo de conocer a un piloto que ha enseñado a volar a sus cinco hijas. Algunas familias salen con mochila. Otras ordeñan vacas. La Navidad pasada uno de los miembros del personal vio a un grupo de gente cantando villancicos en el centro comercial. Reconoció algunas caras y pensó que debía ser un grupo de alguna iglesia de la ciudad, hasta que Bob Taussig se le acercó con una cámara de video: "¿Ves esto?", dijo Bob apuntando con su cámara al coro, "todos son míos". El doctor Bob era el padre, el suegro y el abuelo de un grupo de cuarenta y tres. Los había comprometido para cantar en el centro comercial.

Esta actividad compartida será un buen rato para pasarlo juntos como familia pero también realzará tu consecuencia de padre dándole a tus hijos algo por lo cual puedan definir la familia. Ellos saben quién es su familia: "Somos los que se juntan en torno al piano a cantar" o "Somos los que crían perros Labrador". En otras épocas, estas actividades familiares compartidas fueron cruciales para establecer estructuras familiares estables. Las familias eran conocidas por sus actividades (u ocupaciones) y muchos de nuestros antepasados hasta derivaron sus apellidos de eso: Baker (panadero); Fuller (herrero); Miller (molinero).

Evita la trampa de tratar de recuperar el tiempo perdido. No sé cuál es tu situación. Quizás estés desilusionado de la manera en que has sido padre hasta ahora. Quizás estés divorciado y vives lejos de tus hijos. Sea cual sea tu situación, evita tratar de recuperar el tiempo perdido. No ofrezcas locas extravagancias a tus hijos sencillamente porque no les has expresado suficientemente tu amor en el pasado. Cada vez que voy a un partido de béisbol de los Royals de Kansas City, no puedo dejar de observar a los chicos que están en el estadio recargados con suficiente equipo de béisbol como para abrir su propia tienda en el estacionamiento. Los padres de esos muchachos están compensando el tiempo perdido. El muchacho no puede decidir si hacer flamear su estandarte, su bate inflable de béisbol o su mano plástica gigantesca "somos el #1". Ningún vendedor pasa cerca sin que el padre le haga señales, saque su billetera y le compre maní, rosetas de maíz, Coca Cola o salchichas al hijo.

Cuando se trata de ser consecuente, tienes que darte cuenta de que estos "estallidos" son parte de la oscilación del péndulo. Un mes sin oír del padre y luego *bum*. Dos semanas apenas viendo a papá en la casa y luego *bum*. Realmente puede estremecer al niño.

Es posible ser consecuente con los hijos aunque no vivan contigo. Tú estás sólo a una llamada telefónica o a una carta de distancia de ser una parte habitual y consecuente de la vida de tu hijo. Los niños necesitan un contacto habitual y predecible con sus padres. Si estás lejos de tus hijos, una llamada telefónica semanal es más beneficiosa para el desarrollo de ellos que cuatro viajes a Disney World en el año.

Los padres eficaces son padres consecuentes. Cuando nuestros pequeños cartógrafos se dirigen al mundo, necesitan sentir firmemente dónde está su hogar y necesitan sentir que saben qué encontrarán cuando vuelvan.

Seis

SECRETO 4:
Proteger y proveer

El cuarto secreto de los padres eficaces es que aceptan con fuerza su función de protector y proveedor de sus familias.

La semana pasada estuvieron en mi casa un misionero y su familia. Son misioneros en Ontario, Canadá, donde trabajan con indios norteamericanos de la zona. Hace poco este hombre empezó a viajar a las reservas de Norteamérica trabajando para establecer programas para los hombres nativos. Él responde a la crisis de la masculinidad de los indios.

Me contó que la tribu donde vive en Ontario es una sociedad matriarcal pero que este es un fenómeno relativamente reciente. Los hombres habían sido los líderes de esa cultura hasta hace apenas cien años. Ellos cumplían su papel de protectores yendo a la guerra contra los vecinos hostiles. Cumplían como proveedores cazando animales salvajes y pescando en los lagos. Todos sabemos cómo el desarrollo ha disminuido los campos de caza desde entonces. Cazar ya no es una manera viable de mantener una tribu. También sabemos cómo el gobierno ha establecido reservaciones llevando a los indios a ellas. Las guerras tribales se terminaron. También el alce y el búfalo, así como las expresiones tradicionales de los papeles masculinos. Cuando los hombres nativos se resignaron finalmente y fueron a la reservación, hallaron que las mujeres hacían lo que siempre han hecho tradicionalmente las mujeres, pero ahora las circunstancias eran diferentes. En el pasado los hombres iban a cazar y pelear mientras que las mujeres se quedaban en casa, cuidando el ganando y labrando el suelo. En el nuevo sistema no cambiaron las actividades de las mujeres aunque sí su significado. Hoy en estas reservaciones de Ontario, las mujeres son las dueñas de las ovejas y tienen los títulos de propiedad de la tierra. Cuando un hombre se casa, su esposa no se une a él y su familia sino que él deja a su familia para integrarse a la de ella.

No voy a alegar si la sociedad matriarcal es mejor o peor que la patriarcal pero *voy* a alegar que cuando el padre renuncia al papel de protector y proveedor, algo muy importante se pierde. La cultura masculina de los indios norteaméricanos está en crisis. Mi amigo misionero puede citarte las últimas cifras del alcoholismo, la drogadicción y los delitos que hay en las reservaciones.

En la cultura norteamericana en general la función del padre como protector contra el peligro y como proveedor financiero no ha desaparecido al extremo de la reservación, pero se ha vuelto menos visible. Esto puede parecer raro puesto que una queja frecuente contra los padres que sólo aportan de una manera a la familia: el cheque del pago. Yo me refiero a la visibilidad: lo que los padres consideran importante y lo que nuestros hijos *perciben* de nuestras prioridades.

Mi casa de Kansas está llena de leyendas pioneras. Crecimos oyendo relatos de las carretas con toldo y las casas cubiertas de hiedra. La protección y provisión del padre para los niños pioneros estaba cerca de la superficie. Ellos veían el rifle del padre a mano y quizás hasta lo vieron usarlo contra los ladrones de caballos, los indios hostiles, los lobos, las cascabel. Vieron a su padre en los establos, preparando un cerdo y colgándolo donde se ahumaba. Cuando se sentaban a comer, sabían que su mano había provisto la comida, hasta los bizcochos de maíz que comían, hechos con el maíz que su padre cosechaba y llevaba a moler al molino.

PROTEGER Y PROVEER

Los padres eficaces tuvieron puntuaciones significativamente más altas en estos dos funciones básicas de la paternidad:

Proteger: cuando hay una crisis los padres toman el papel de liderazgo para tratarla, tranquila, efectiva y constructivamente y para restaurar la estabilidad de la familia.

Proveer: los padres infunden seguridad teniendo un ingreso confiable y estable y satisfaciendo las necesidades materiales de la familia.

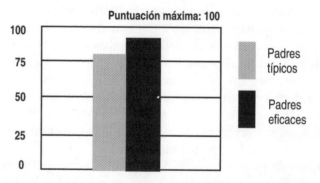

Puntuación máxima: 100

Los padres eficaces tuvieron 93% de la puntuación máxima de protección y provisión para sus hijos. Los padres típicos tuvieron 82% de la puntuación máxima. Históricamente los padres han entendido y puesto como principal prioridad, proveer y proteger a sus hijos. De los siete secretos, esta escala fue la más cercana aunque aún significativamente diferente.

Las cosas son similares hoy, pero no exactamente las mismas. Un padre protege habitualmente a sus hijos pagando los impuestos locales para mantener una fuerza de policía y los impuestos federales para mantener las fuerzas armadas. Pero sus hijos no lo ven haciendo estas cosas importantes, como tampoco lo ven pagando las primas de sus seguros de salud o haciendo que el mecánico revise los frenos del automóvil. El padre sigue proveyendo para la familia al trabajar y traer a casa el cheque del pago. Pero el cheque del pago es un papel mientras que un cerdo colgando donde se le ahuma es mucho más tangible. Con el servicio de depósito directo el salario del padre puede no ser más que una indicación visual en la pantalla de la computadora del cajero.

Antes, el niño podía ver a su padre partiendo la leña y llevándola dentro para combustible de la cocina. El niño sabía que su calor dependía directamente del duro trabajo de su papá. Ahora, el combustible fluye a nuestras cocinas en forma invisible por tuberías ubicadas en el subterráneo. Aun en las ciudades son diferentes los tiempos. En la novela *Cuán verde era mi valle*, situada a comienzos de siglo, los niños Morgan ayudaban a su padre a trabajar en las minas de carbón. Las minas pagan los salarios todos los viernes y los hombres recogen sus monedas y billetes. Las esposas y madres encuentran a sus maridos en la puerta con el tarro de estaño que se pone en el aparador que está sobre la cocina. Los hombres echan las monedas en la caja donde resuenan contra el lado. Los pequeñuelos atisban a medida que sube el nivel de la provisión. Piden llevar el tarro de vuelta a la cocina. Es una cosa poderosa que sus padres han realizado.[1]

Se acabaron los días de pioneros pero debemos tener cuidado de no dejar ir la importancia que los padres poníamos en nuestros papeles de protectores y proveedores. Nuestros hijos nos necesitan para que los protejamos y proveamos para ellos *y necesitan vernos hacerlo.* Al investigar a los padres eficaces, una de las características comunes es que toman muy en serio la protección y la provisión. Este aspecto de protección y provisión es el cuarto secreto de los padres eficaces.

Responder en tiempos de crisis

Aunque algunos aspectos de la protección sean menos visibles que en los días en que andábamos en carretas, todavía hay muchas ocasiones en que un padre es llamado a erguirse y proteger a quienes ama. Esas pueden ser crisis grandes como la cesantía del padre, la enfermedad de la madre o la drogadicción de un hijo. Pueden ser crisis menores como una rodilla rasguñada, una mascota que se perdió o una lavadora o secadora de ropa que se echó a perder. Algunas crisis grandes pueden ser tan complicadas y dolorosas que uno casi desea estar en los 1800 peleando con un oso pardo.

Ser capaz de responder a las crisis no es fácil. Requiere fortaleza y entrega. Requiere más fortaleza de la que pensé que tenía cuando vi a mi hijo Micah en el lecho del hospital dándose vueltas muy inquieto. Micah se quejaba cuando lo ayudaba a orinar cada hora, se quejaba cuando trataba de asegurarle que yo estaba ahí, que él iba a estar bien. No era un sonido que debiera hacer un chico de cuatro años. Contemplaba el perfil de su pie derecho meneándose bajo la frazada. Su pie izquierdo estaba quieto, la parte inferior de su pierna estaba afirmada y muy vendada por las dos fracturas sufridas.

Cruzar la calle parecía tan sencillo, pero para Micah era una aventura. Él siempre había sido cuidadoso y obediente; nunca salía del patio por cuenta propia. Yo sólo puedo suponer lo que debe haber pasado por su mente. Cuando pienso en eso ahora, tengo que concluir que un ángel estaba ahí, sentado cerca de él, quizás en un triciclo, un compañero de carreras de la tarde. Cuando Micah rodó hasta el borde de la calzada, este ángel debe haberle susurrado algo o haber hecho que un árbol se meciera en el viento, cualquier cosa, evitando que él se encontrara de frente con el parachoques del plateado Honda. En cambio, lo agarró la rueda trasera.

La conductora pensó primero que había pasado por encima de una rama y siguió hasta el final de la cuadra antes de mirar por su espejo retrovisor. Entonces vio a mi hijo tirado sobre un lado, enroscado en torno al triciclo de plástico. Ella volvió, frenética, a unirse con su madre, hermana y hermano, que habían respondido a sus quejidos.

Yo estaba en el sótano arreglando una ventana rota. Hasta me acuerdo de haber pensado: *Me pregunto ¿qué está haciendo Micah en el patio del frente?*, pero estaba demasiado absorto y no respondí al impulso. Después de todo, los niños siempre son niños. Uno no puede protegerlos de todo. Algunas personas aprenden mejor pasando por algunas cosas, ¿correcto?

Todavía no me había dado cuenta de todo.

Al llegar al hospital supimos que el mejor médico ortopédico de la ciudad estaba ahí, atendiendo a un paciente en la pieza de al lado. Nos aseguraron que Micah quedaría bien. Efectivamente así es. La única prueba de su accidente es que constantemente lo relata a quien quiera oírlo.

Espero que Micah haya aprendido la lección de no andar por la calle pero pienso que las lecciones más grandes del incidente fueron reservadas para mí, su padre. Aprendí cuán peligroso puede ser este mundo para aquellos que amo. Dudé en poner la historia de Micah en este libro porque sé que escribo para algunos padres que no fueron tan afortunados como yo. Sé que algunos de ustedes visitan tumbas donde, silenciosamente, calculan las fechas de la lápida de granito y se preguntan por qué tuvo que ser tan corta la dulce vida de su hijo. Sé que algunos de ustedes tienen diferentes clases de dolor: relaciones rotas con su esposa o hijos; problemas de alcoholismo en su hijo, embarazo adolescente o expulsión de la escuela; problemas económicos. Micah no murió, pero sí mucha de mi frivolidad como padre. Me di cuenta de que *pasan crisis en mi familia*. Tengo que estar preparado para responder a ellas.

También aprendí que no tengo todas las respuestas. Para empezar no puedo estar en todas partes al mismo tiempo. Puede haber algunas crisis que puedo evitar pero, no puedo proteger a mi familia contra todo lo que ocurrirá antes que ocurra. Para terminar, no puedo explicarle a mi familia por qué tienen que suceder estas crisis. No pude decirle a mi esposa Dee, cuando me preguntó, por qué Micah no obedeció en esa ocasión como siempre antes.

Lo único que un padre controla es su respuesta frente a la crisis. Está dentro de cada uno de nosotros ponernos a la altura de la ocasión y hacer lo necesario. Sales fuera de la

LISTA PARA VERIFICAR SEGURIDAD

Un padre protector hace parte de su mejor trabajo antes que ocurra una crisis. Puedes ayudar a prevenir ciertas crisis asegurándote de que tus hijos sean educados sobre ciertas medidas de precaución y emergencia. Usa lo que sigue como lista de verificación:

❑ Mis hijos saben por dónde salir de la casa en caso de incendio.

❑ Mis hijos saben cuándo y cómo llamar al 911 (número telefónico para discar en caso de cualquier emergencia en los Estados Unidos; en otros países cambia).

❑ Mis hijos saben cuáles son las cosas de la casa que (fósforos, venenos, herramientas eléctricas, etcétera.) están prohibidas para ellos.

❑ Mis hijos saben cómo reaccionar en caso de un tornado o terremoto.

❑ Mis hijos saben cómo reaccionar si una tormenta eléctrica los agarra fuera de la casa.

❑ Mis hijos se dan cuenta de los peligros del uso de drogas y se les ha enseñado cómo decir que no a los traficantes y a la presión de sus iguales.

❑ Mis hijos han sido enseñados de que la abstinencia preconyugal es el medio más seguro para evitar contagiarse de SIDA.

❑ Mis hijos han sido advertidos respecto de jugar o andar en bicicleta desenfrenadamente en las calles. Mis hijos mayores han sido entrenados en CPR.

❑ Mis hijos aprendieron a nadar para su propia seguridad igual que su placer.

❑ Todos mis hijos, hasta el de tres años, se aprendieron de memoria el número del teléfono de la casa y la dirección por si se perdieran.

puerta principal de tu casa, te tomas un momento para evaluar rápidamente la situación de la calle, tranquilamente das a tu hija mayor toda la información que necesita para llamar a la ambulancia y, entonces, te arrodillas al lado de tu hijo, le quitas el pelo de sus ojos y le dices: "Todo va a salir bien, papá está aquí".

La respuesta positiva de un padre en momentos de crisis es crucial.

Aunque un padre no puede ser capaz de evitar una crisis, sus acciones pueden hacer mucho para determinar el resultado cuando ocurre una. Aprende la gracia bajo el fuego. Enfrenta estos tiempos con serenidad y haz lo que tengas que hacer para restaurar el funcionamiento normal de la familia. Algunas crisis parecen paralizadoras pero, en todo caso, siempre hay acciones que puedes ejecutar que, si bien no resuelven la crisis (o no pueden), por lo menos escudarán a tu familia contra un daño mayor. Actúa.

"Lo que vi hacer a mi padre"

La respuesta positiva del padre es también crucial en forma indirecta. Un día —y no pasará mucho antes que ese día llegue— tus hijos sabrán lo mismo que tú sabes: las crisis pasan. En algún momento de peligro, ellos tendrán que responder en tal forma que sienten la diferencia entre la vida y la pérdida. En ese momento crucial sus mentes buscarán hacia atrás el conocimiento para saber cómo reaccionar. En particular, buscarán modelos que han respondido a las crisis. Ellos estarán recordándote específicamente a ti, su padre.

Ruth Calkin es una poetisa. Evidentemente un artículo de un periódico le enseñó algo sobre el poder modelador del padre. Ella escribió este poema:

Justo en esta semana
leí el relato de un periódico
sobre un niño de trece años
que salvó la vida de su hermano
llevándolo al hospital

en el automóvil de su padre.
Nunca había conducido
Su explicación fue simple:
"Sólo hice lo que vi hacer a mi padre". [2]

Sólo hice lo que vi hacer a mi padre. Esa declaración se repite de alguna forma después de cada crisis aunque nunca sea manifestada.

"¿Por qué consiguió tan rápido la atención médica que la niña necesitaba?"

Sólo hice lo que vi hacer a mi padre.

"¿Por qué insistió tanto en la rehabilitación de su hijo?"
Sólo hice lo que vi hacer a mi padre.

"¿Por qué se enojó y lanzó esa herramienta dentro de la lavadora?"

Sólo hice lo que vi hacer a mi padre.

"¿Por qué se dio media vuelta y salió corriendo?"
Sólo hice lo que vi hacer a mi padre.

Funciona en ambos sentidos. Un padre debe modelar el tipo de gracia bajo presión que él quiere que emulen su hijo o hija. Si evitamos deshacernos durante una crisis y, en cambio, hacemos algo positivo, no sólo ayudamos a nuestros hijos a que sobrevivan esta crisis inmediata sino que les ayudas a prepararse para las futuras. Nuestra protección de padre puede extenderse aun más allá de nuestra presencia.

Hay seis cosas que los padres eficaces hacen que sirve para hacerlos mejores protectores de sus hijos:

1. Adoptar una actitud sana respecto de las crisis. Primero, los padres eficaces reconocen que las crisis ocurren y, por lo tanto, no son agarrados totalmente desprevenidos cuando suceden. Segundo, aceptan de antemano que una de sus responsabilidades de padre es proteger a la familia. Consecuentemente, están listos para dar un paso adelante y hacer algo cuando es necesario. Tercero, también creen que una familia puede, en realidad, obtener más fortaleza de una crisis resuelta que el daño que haya sufrido.

El signo chino que se traduce al inglés como *crisis* combina dos caracteres: uno que significa *peligroso* y otro que significa *oportunidad*. Una crisis puede ser una oportunidad riesgosa. Puede ser una sana manera providencialmente designada para probar y refinar tus propias creencias y costumbres o puede hacer que el terreno que pisas se deshaga debajo de ti.

Glen Elder escribió un libro titulado *Children of the Great Depression* (Los niños de la Gran Depresión). El buscaba en particular las diferentes maneras en que fueron afectadas las familias por la Depresión de los 30, crisis de gran magnitud que no era controlable. Elder halló que los adolescentes de hogares con privaciones económicas salieron de la Depresión con más capacidad de manejar otras crisis que los adolescentes cuyas familias fueron muy poco afectadas por la Depresión. Como lo dice él:

> *Por onerosa que pudiera ser la tarea, hay gratificación y hasta crecimiento personal que se puede obtener al ser desafiado por una empresa real si no es excesiva o explotadora.*[3]

2. Identificar los modelos de los cuales aprendiste cómo enfrentar las crisis. Si es necesario, escoge uno nuevo. Cuando estamos en una crisis, sentimos como que ya pasamos por esa experiencia. Recordamos experiencias similares de nuestra infancia para tratar de establecer algunos puntos de referencia y hacer comparaciones con la crisis presente. Aquellos que tenemos padres que enfrentaron eficazmente las crisis, tenemos una riqueza de recuerdos para recurrir, pero el resto de nosotros tiene que confiar en nuestras amistades con otros hombres, tanto de niños como ahora de adultos. Si tu modelo para enfrentar crisis es negativo, entonces escoge un modelo más fructífero. Pero elige uno ahora, antes que surja una crisis, y empieza tu investigación. De esa manera, cuando algo pase, estarás preparado para preguntarte inmediatamente, ¿cómo trataría el tío Dave con esto? O ¿qué hubiera hecho mi amigo Joe?

Tus amistades masculinas también son educativas. Si los padres van actuar con eficacia en las crisis, tenemos que estar en contacto con personas que están pasando por tiempos difíciles y aprender a empatizar con sus situaciones. Esto nos dará la oportunidad de pensar cómo reaccionaríamos nosotros y de planificar la mejor forma para alcanzar a aquellos que estén necesitados. Si podemos pensar objetivamente en medio de un desastre que afecta a terceros, podemos empezar a desarrollar planes para reaccionar positivamente cuando golpee una crisis más cerca de casa.

3. Recupera tu confianza después de la crisis disfrutando del apoyo de otros padres. Ser padre es difícil. Los padres pueden sentirse más confiados de sus planes y decisiones por medio del apoyo de otros padres. Hay una gran sensación de camaradería al interactuar con otros papás, escuchando que no eres el único que lucha, aprendiendo de sus éxitos y fracasos, animándolos y siendo animado.

Nadie nace con las habilidades de ser padre plenamente desarrolladas, así que habrá fracasos. El apoyo de otros padres puede capacitarte para recuperar tu confianza. Esto no es sencillamente una verificación de actitudes. Es un osado esfuerzo por subirse de nuevo al caballo, por reemplazar el recuerdo de la caída con uno de galope a ritmo que rompe el cuello a campo traviesa, en que el caballo responde anhelante aún al más ligero tirón de las riendas. La gente que exuda confianza resulta fácil de seguir y si tu familia está convencida de que crees cuando dices "todo va a salir bien" entonces ya has liberado gran parte de la tensión de esa crisis. La confianza te ayuda a crear una atmósfera de estabilidad.

4. Entender tu propio fundamento de hombre. En nuestra investigación hallamos que los padres con puntuaciones altas en ser capaces de manejar crisis, también tuvieron puntuaciones significativamente más altas en sus respuestas a cosas sobre la identidad masculina. En otras palabras, ellos relacionaron el manejo de las crisis con sentirse cómodo siendo hombres.

En 1 Corintios 16:13, Pablo está terminando su carta a la iglesia pero agrega una amonestación final para que ellos se pongan a la altura de la situación:

*Velad, estad firmes en la fe; **portaos varonilmente**, y esforzaos.*

(Énfasis añadido)

En el Antiguo Testamento se relata un incidente cuando Israel y Filistia están en guerra. El ejército israelita había traído neciamente el arca del pacto a la batalla y, por el momento, parece listo para superar a los filisteos. Pero Dios usará a los filisteos para juzgar la desobediencia de Israel respecto del arca. Las tropas son reorganizadas con este llamado:

Esforzaos, oh filisteos, y sed hombres, para que no sirváis a los hebreos, como ellos os han servido a vosotros; sed hombres y pelead.

1 Samuel 4:9

Sed valientes y sean hombres.

Sean hombres y peleen contra las crisis de su hogar.

En otras palabras, tenga confianza en la forma que Dios le ha creado. Cuando ocurran las crisis, sencillamente digan: "¡Esto es! Es para ocasiones como esta que fui hecho padre y hombre".

Ahora bien, el ideal de hombre no es *Rambo* en el medio de la lucha. Tú alcanzas el ideal sencillamente sintiéndote cómodo, hasta entusiasmado con tu papel de hombre y padre. Extiende confianza a todo tu estilo de vida y personalidad.

¿Estás satisfecho con tus responsabilidades de hombre? ¿Te sientes cómodo con ser el jefe de tu hogar o algunas de las responsabilidades te hacen sentir inseguro? La inseguridad hace que el hombre se vuelva vulnerable a las crisis pero los padres que están firmemente arraigados en su masculinidad y que se sienten bien consigo mismos, están dispuestos a pasar por una crisis y estarán más que preparados cuando una ocurra.

5. En tiempos de crisis habla con tus hijos. Los padres que enfrentan exitosamente las crisis tienen una sana interacción verbal con sus hijos. Son capaces de conversar las cosas a través de, durante y después de la crisis. El padre eficaz puede comunicarse abiertamente con sus hijos y sus hijos sienten que tienen un canal abierto con su papá a cualquier hora, respecto de cualquier tema.

Cuando llevaban a Micah en la silla de ruedas hacia cirugía, pude pasar varios minutos con él en aquel pasillo tan iluminado. "¿Cómo te sientes Micah?", le pregunté.

Pudimos hablar de sus sentimientos y supe que, en cierta medida, él esperaba todas las cosas lindas que iba a ver.

"Ahora, escucha", le dije. "Tu madre y yo estaremos justo aquí afuera en la sala de espera. Estaremos cerca. Te veremos antes que tú nos veas. Estarás dormido por un rato". Pude darle la seguridad de que estaríamos ahí para él cuando estuviera listo, y oír que él estaba aceptándolo bien, sirvió realmente para calmarme también.

Muchas soluciones han sido descubiertas por los atentos oídos de los padres que pueden obtener y usar el saber colectivo de sus familias. La interacción diaria con nuestros hijos tiene recompensas que se extienden mucho más allá de los beneficios potenciales que aportan a la resolución de las crisis.

6. Mantén una comunicación constante con tu esposa, como también con tus hijos. Los padres eficaces que tienen una sana interacción con sus esposas están familiarizados con las habilidades especiales que tienen sus cónyuges y saben cómo usar esos activos en una situación tensa. La importancia de la sana interacción conyugal se demuestra gráficamente durante las crisis. Las parejas que han perdido a un niño tienen muchas más probabilidades de divorciarse que las parejas que no han enfrentado ese desastre.[4] Una de las razones de esto es que nadie sufre de la misma manera y con la misma intensidad. Es más probable que los hombres pospongan el sufrimiento por el momento y digan: "Bueno, sigamos viviendo". Pero los hombres volverán después a esa pena y ésta será dolorosa e intensa. El riesgo es que el marido considere a la esposa débil y cobarde mientras que ella considera al marido duro y frío. Si los dos son incapaces de comunicar sus diferencias empieza una espiral descendente que puede, cuando llegue la hora, terminar su matrimonio.

Cuando surge una crisis los padres que se comunican regularmente uno con otro, pueden obtener resultados positivos de la conversación, tanto como pareja en privado y *con* sus hijos. De nuevo, los maridos tendrán, idealmente, establecidos fuertes hábitos de comunicación con sus esposas y la conversación será una respuesta natural en tiempos de crisis.

Siento que vivimos en una época en que las crisis, las crisis grandes, van a ocurrir. Esto no es una profecía tenebrosa del fin del mundo sino un vistazo realista a lo que veo en los medios de comunicación y lo que está pasando a mi alrededor a diario. Aumentarán las presiones económicas, políticas, de salud y religiosas. Los niños necesitarán apoyo y guía de sus padres más que nunca antes.

A veces aún escucho el sonido del quejido de mi hijo en ese día, en la cama del hospital, y me asusta, porque las tragedias pueden ocurrir sin razones evidentes y muchas veces nada podemos hacer para detenerlas. Pero podemos hacer lo mejor que podamos para ser modelo de sanas virtudes y prepararnos para estar al lado de nuestros hijos cuando ocurran las crisis. Y podemos orar a Dios Padre y pedirle que mantenga a sus ángeles moviéndose cerca cuando nuestros hijos andan por los bordes de las curvas.

Un techo sobre sus cabezas

Proveer dinero para tu familia se relaciona con protegerlos. Cuando tienes un techo para cubrir sus cabezas, los proteges contra la nieve, el granizo y las tormentas eléctricas. Cuando das el dinero para las mercaderías, los proteges contra el hambre. Podríamos decir incluso que cuando pagas los impuestos, proteges a tus hijos contra los delitos, puesto que una parte de esos impuestos va para mantener la policía.

Me sorprendí cuando en la pantalla de la computadora aparecieron las cifras que revelaban que la provisión financiera es uno de los siete secretos de los padres eficaces. Supongo que esperaba a medias que estos papás eficaces estuvieran de acuerdo con el sentido común que dice: "Si un hombre piensa que su trabajo es importante, entonces, está, obviamente, privando a sus hijos". Nuestra cultura de las últimas décadas quizás haya resaltado demasiado el papel del padre como proveedor financiero pero el padre eficaz dice: "Aunque la provisión financiera no es mi *única* responsabilidad es una que considero importante".

Los padres eficaces nos dicen que no debemos sentirnos culpables por ir a trabajar. Si nunca volviéramos a casa del trabajo, entonces debiéramos sentirnos culpables, pero mientras hacemos nuestro trabajo y recibimos nuestro cheque de pago, debemos sentirnos orgullosos de estar satisfaciendo fielmente las necesidades de nuestros hijos y cumpliendo debidamente nuestras responsabilidades como padres.

Si tú cuestionas que la provisión financiera debe ir tan íntimamente ligada a ser un padre eficaz, permite que pregunte algunas cosas: ¿Qué pasaría si perdieras tu trabajo? ¿Cómo afectaría esa pérdida tu relación con tus hijos? ¿Cómo te sentirías si fueras un padre pobre? La pregunta no es si *¿debieras* sentirte como si fueras un padre pobre sino *cómo?* Parece ser un tema de motivación y satisfacción de la paternidad. En un estudio reciente de padres afroamericanos, los investigadores hallaron que a medida que aumenta la suficiencia económica de estos hombres, había un aumento correspondiente de la participación activa que ellos tenían con sus hijos.5 Hay cierto nivel, evidentemente, que los padres necesitan alcanzar para sentirse bien con su papel de padres.

La forma en que los padres responden a las pérdidas económicas también afecta sus relaciones con sus hijos. En un estudio de la pérdida del trabajo e ingreso, los padres que respondieron irritados y con pesimismo a una pérdida (algo que ciertamente es fácil hacer) fueron más castigadores y menos edificadores en sus interacciones con sus hijos. El autor del estudio prosigue: "Estas conductas de los padres aumentan el riesgo del niño de tener problemas socioemocionales, conducta desviada y reducidas aspiraciones y expectativas".[6]

Los padres pueden estar tratando con su propia versión de la jerarquía de las necesidades de Maslow. ¿Recuerdas esa teoría? Dice que debemos atender nuestras necesidades básicas de alimento, abrigo y vestido antes de tener la libertad de tratar con necesidades más elevadas como el significado y la autorrealización. Puede que los padres sientan tan intensamente la necesidad de atender las necesidades de supervivencia de sus hijos que, a menos que lo hagan adecuadamente, no sienten la libertad de desempeñar otros deberes de padre, como mostrar afecto o proveerles preparación espiritual. En efecto, una característica surgida de los datos de los padres eficaces es que enlazan íntimamente su papel de proveedor financiero con sus otros papeles de padre. Por ejemplo, al mismo tiempo que proveen dinero, también son un *modelo* de ser consecuente y de la ética del trabajo. Ellos enlazan la provisión con asuntos de liderazgo en el hogar y el manejo de las crisis.

La provisión financiera es importante.

Sospecho que muchos de ustedes que leen este libro ya tienen un trabajo o están dedicados a buscar uno. No estarían satisfechos si el único consejo que los padres eficaces tuvieran para darles respecto de la provisión financiera fuese: "Consigue un trabajo"; hay otra dimensión del papel de proveedor en que los padres eficaces difieren respecto de todos los otros papás.

Pero yo debiera decirles primero lo que *no* dicen los padres eficaces. Ellos no dicen que hacer más dinero conduce a una mayor satisfacción paternal. Casi todos los hombres identificados como padres eficaces se ubicaban en el tramo del ingreso medio. El nivel del ingreso no es tan importante como el ingreso *uniforme* que provee para las necesidades "básicas" de la familia. Los padres eficaces tampoco dicen que deben ser el único proveedor de su familia. (Sin embargo, los padres de este estudio con esposas que trabajaban menos de quince horas semanales, informaron tasas significativamente mayores de satisfacción en lo que se refiere a proveer para el ingreso familiar.)

La dimensión adicional que los padres eficaces dan a su papel de proveedor es el conocimiento de las necesidades familiares. Ellos empiezan entendiendo lo que comprenderá mantener a su esposa e hijos y lo que significará fomentar las aspiraciones de sus hijos; este concepto dirige luego la elección que hacen de su lugar en la fuerza de trabajo.

He conversado con muchos hombres que han encontrado satisfacción en su papel de proveedor financiero. Puedo combinar muchas de estas experiencias para componer el retrato de un hombre al que llamaré Vernon.

Vernon es como la mayoría de los hombres profesionales. Él estuvo cuatro años en la universidad, fue entrevistado por una firma de ingeniería cuando estaba en el último año y, esencialmente, empezó a practicar su carrera justo después de la graduación. Renovó una amistad con una amiga de la universidad, de nombre Jill. A los dos años de casados tuvieron su primer hijo. Vernon estuvo trabajando cuatro años antes de empezar una familia. Cuando él, de soltero, eligió su carrera y la empresa donde trabajar, tomó esas decisiones basándose en la mejor forma en que podría usar sus intereses, talentos, dones y oportunidades.

En menos de cinco años desde el nacimiento del primer hijo, Vernon y Jill agregaron dos niños más a la familia y Vernon tuvo tres ascensos en su trabajo; pero empezó a sentirse insatisfecho. Algo no estaba saliendo bien.

"No puedo darme cuenta de qué es", dijo en una ocasión. "Quiero decir, mi trabajo no requiere viajar mucho y, rara vez, tengo horas adicionales, pero realmente siento como que les estoy quitando algo. O quizás sea que me siento partido en dos. Voy a trabajar, pero cuando estoy ahí no me siento como padre. Algunos días cuando son las cinco y me voy a casa, me impresiona que no haya pensado en mis hijos en todo el día. Me hace sentir como un mal padre".

Vernon también se preguntaba cuán exitosamente proveía para sus hijos. Todas las cuentas eran pagadas y se ahorraba algo de dinero cada mes. De todos modos, ¿cómo saber cuándo es suficiente?

Lo que Vernon tenía que hacer y, cuando llegó la hora lo hizo, era elegir otra carrera. Él no cambió de ocupación ni dejó su empresa; ni siquiera cambió de cargo. En efecto, se quedó donde estaba. Su elección de una nueva carrera fue, en realidad, *elegir* una nueva carrera. Volvió hacia atrás en el proceso de elegir su ocupación pero contextuado en su nueva mentalidad. La primera vez que eligió era soltero; ahora, estaba casado y con tres hijos. Antes sus intereses, talentos, dones y oportunidades eran un fin en sí mismos (¿cómo puedo realizarlos mejor?); ahora, eran solamente un medio (¿cómo puedo *usarlos* mejor para proveer a mi familia?).

Vernon se sentó y estableció cuáles eran las necesidades financieras de su familia. Tenía tres hijos. Últimamente él y Jill habían estado conversando sobre tener otro hijo así que incluyó también a este futuro bebé en su pensamiento. Evidentemente le impresionó la idea de poder enfocar esto como tan a menudo lo había hecho en el trabajo. ¿Cuáles son las necesidades de mercaderías de un familia de seis? ¿Cuál es el pago mensual de la hipoteca? ¿Cuánto cuesta mantener vestidos a los niños? También trató de calcular en sumas de dinero el costo de los intereses de sus hijos: cosas como clases de gimnasia y las Girl Scouts (Niñas exploradoras). Vernon halló que podía usar el presupuesto familiar para muchos de estos cálculos pero ahora no estaba pensando en el presupuesto como registro de gastos sino más como una serie de metas financieras.

No pasó mucho tiempo antes que Vernon tuviera una línea básica: *Para proveer a mi familia en un nivel que satisfaga sus necesidades básicas y que me complazca en términos de satisfacer unos cuantos deseos de cada uno, debo ganar cierta cantidad de dinero este año.* También tuvo una buena idea de la manera en que debía aumentar su ingreso a través del tiempo para acomodar los aportes que quisiera hacer para los gastos de universidad de sus hijos. Desde el principio él y Jill estuvieron mirando las opciones.

Jill iba a trabajar solamente cuando el menor fuera a primer grado y, eso sólo a media jornada. Decidieron no comprar automóviles a sus hijos sino ahorrar para darse una o dos vacaciones familiares antes que los hijos se fueran de la casa.

Con la línea básica escrita ante él, Vernon pudo decidir: ¿Qué puedo hacer para usar mejor mis intereses, talentos, dones y oportunidades para la provisión de mi familia? Junto con un salario adecuado necesitaba un trabajo que no lo mantuviera muy alejado de casa. Aunque Vernon estaba preparado para dejar su actual trabajo, se dio cuenta de que no tenía que hacerlo. Él ya estaba ganando más de lo proyectado como necesidad y, en general, estaba contento con su trabajo. El lunes por la mañana, Vernon se despertó como siempre, se duchó, terminó una pelea que había en la mesa del desayuno por unas cajas de cereal y besó a su esposa en la puerta saliendo para el trabajo. Nada había cambiado salvo su perspectiva, y no obstante, eso era toda la diferencia del mundo.

Cuando empiezas conociendo las necesidades de tu familia y *entonces* eliges tu carrera, sacas unas ventajas maravillosas. Primero, ayudas a aliviar la tensión causada por percibir que tu semana de trabajo compite contra tu vida hogareña. El proceso por el que pasó Vernon subordinó esencialmente su trabajo a su hogar. La decisión de estar en su trabajo, aun en su trabajo en particular, fue una decisión que tomó por sus hijos y su futuro. Él podía sentirse bien estando en el trabajo.

Además, cuando conoces tus necesidades y luego eliges basándote en ellas, es fácil determinar si estás o no proveyendo exitosamente para tus hijos. Puedes verlo en el papel. Mi esposa y yo hemos calculado cuánto cuesta por día "mantener" a nuestra familia. Revisamos las cifras regularmente. La última revisión fue cuando una tarde, en la mesa del comedor, me quedé con hambre y pedí repetición. No había. Mis dos hijos en crecimiento habían limpiado la olla. Debo haberme visto muy patético cuando le dije a mi esposa: "Pero yo sigo con hambre". Dee dijo: "Sabes, no recuerdo cuándo fue la última vez que tuvimos algo de sobra (de la comida)".

Cuando conoces las necesidades financieras diarias de tu familia, se siente bien recibir el cheque de pago; dividirlo por cada día y saber que has satisfecho esas necesidades. Lo agradable es el *saber*. No tienes que cavilar.

En igual forma este proceso puede sentar la norma para el éxito de tu carrera. La mayoría de los hombres te dirán que están esforzándose para triunfar en sus ocupaciones, pero pocos hombres pueden decirte cuándo lo logran. La felicidad viene y se va. Los niveles de salario parecen insatisfactorios cuando siempre hallas que alguien gana más que tú (¡pregúntale a cualquier jugador de béisbol de una liga mayor!) Pero cuando tu meta es proveer para tu familia y conoces las necesidades de tu familia, puedes saber cuándo has triunfado alcanzando tu meta.

Cuando Adán pecó, Dios lo maldijo y la maldición abarcó el trabajo del hombre. Dios no declaró que el trabajo carece de importancia o que es malo. Él siguió llamando a Adán a trabajar pero también hizo que el proceso del trabajo sea más laborioso: espinos y cardos y el sudor de nuestro rostro. Fíjate en las palabras de la maldición:

> *Maldita será la tierra por tu causa; con dolor comerás de ella todos los días de tu vida. Espinos y cardos te producirá, y comerás plantas del campo. Con el sudor de tu rostro comerás el pan.*

> Génesis 3:17-19

Los hombres que ven su trabajo como una manera de realizarse se enfrentarán con las maldiciones, el esfuerzo, los espinos, los cardos y el sudor mencionados en esos versículos. Pero los hombres cuya motivación en su trabajo es los resultados que aporten, aunque sigan experimentando los penosos efectos de la maldición, también experimentan la satisfacción de los resultados: Comerás. Ellos saben cuándo han tenido éxito.

Por último, conocer las necesidades de tu familia y elegir el trabajo de acuerdo a ello puede ocasionar menos tensiones en los cambios de carrera. Cuando se presenta la oportunidad de un aumento de sueldo, sorprende con cuánta urgencia nos dedicamos a ese dinero adicional. Pero cuando puede mirar el presupuesto familiar y decir: "Un momento, yo no tengo que ganar una *fortuna*, sólo debo satisfacer las necesidades de mi familia", entonces tienes la libertad que te deja decidir según tus propias normas en lugar de las de la empresa o de tu vecino. Algo de la presión fue eliminada. Cuando decides de acuerdo al criterio de las necesidades de la familia, también te inclinas a considerar las otras necesidades no financieras de tus hijos. Por ejemplo, ¿este trabajo me permitirá pasar el tiempo que quiera con mis hijos? o ¿si yo tomo este trabajo daré a mis hijos el ejemplo de elección de una carrera que mi hijo haga algún día? Los padres eficaces se aseguran de que el lugar de trabajo complemente al hogar.

Proveer en una economía competitiva

La economía de nuestra nación está poniéndose muy compleja. Estoy cansado de oír que la próxima generación probablemente sea la primera de la historia de los Estados Unidos que no supere los logros económicos de sus padres, que me rendí y decidí creerlo. El Sueño Americano siempre ha sido: "Puedes superar a tu padre". Si este sueño debe volver a escribirse debido a las realidades económicas, me gusta la manera en que los padres eficaces lo están volviendo a escribir. Ellos están diciendo a sus hijos *"Nosotros* podemos superar a *nuestros* padres". Ellos han traducido el sueño del desempeño, primero a las relaciones. Los padres entregados están diciendo a sus hijos: "Nosotros estamos aquí para ayudarnos mutuamente" y están tirando juntos como camaradas con un espíritu de supervivencia similar a lo que se vivió en muchos hogares durante la Gran Depresión. Ellos están reuniendo los recursos para el bien mutuo.

Lo que distingue a los padres eficaces de todos los otros papás es que conocen las necesidades de sus hijos y luego trabajan para satisfacer esas necesidades. Esto se aplica no sólo a preparar la olla para la comida de la noche sino también al propio futuro económico del niño. Los padres eficaces saben temprano cuáles son los planes y los sueños de sus hijos. Ellos afirman constantemente esos planes y sueños a medida que el niño crece, y luego, trabajan para proveer la educación necesaria para apoyar esos sueños. Esta educación puede ser un título universitario, un diploma técnico vocacional o el ingreso a las fuerzas armadas. La provisión del padre eficaz para su hijo, comprende proveer para la propia entrada de su hijo al mundo económico. Cuando él ha hecho así en forma suficiente, el padre y el hijo forman un equipo capaz de funcionar en medio de las complejidades de una economía desafiante.

Siete

SECRETO 5:
Amar a la madre
de sus hijos

Por medio de la unión con una mujer nacen los hijos.

Por medio de la comunión con esa misma mujer, nacen los hijos seguros y confiados.

Sospecha de cualquier libro sobre paternidad que no tenga un capítulo sobre el matrimonio.

El proceso de la paternidad es como un hacha que se emplea en el bosque para hacer un claro para una casa o usar la leña para las estufas para tener calor y comodidad. El hacha se aprecia por su utilidad: su habilidad para funcionar apropiadamente. Se espera que el mango esté hecho con una buena madera sólida que no se quiebre con la presión. El torno la ha formado derecha y precisa. El mango del hacha es la palanca de fuerza. Cuando el leñador levanta el hacha para cumplir su propósito, la fuerza pasa a través del mango del hacha hacia la hoja.

La cabeza del hacha es nuestro foco, donde reside, definitivamente, la fuerza del mango del hacha. Deseamos que esté afilada y sea eficaz, que haga fielmente su obra, cortando bien los macizos troncos de cedro y almez.

Si la paternidad eficaz es como un hacha afilada que corta bien, entonces hay otro componente que debe mencionarse. Este es la cuña que une con el mango del hacha, expandiéndolo donde el mango topa la cabeza para evitar que la cabeza se deslice. Sin la cuña no importa cuán sólido y bueno sea el mango del hacha, la cabeza golpeará débilmente a los árboles y llegará el momento en que saldrá volando. Este componente crucial es tu esposa. Ella amplía tu influencia de padre, llenándote y dejándote llegar a tus hijos más íntima y ampliamente. Hay poca posibilidad de desliz. Ella también canaliza tu poder y te permite ser más eficaz con tus hijos.

Puedo oír a un anciano que está trabajando con una pila de leña en un patio trasero y que murmura: "Hijo, ellos ya no hacen hachas como antes". Si está pensando en nuestra analogía, desafortunadamente tiene la razón. Vivimos en una era de divorcios y de intentos a medias de casarse. Hoy cuando pensamos en los hogares con un solo progenitor, pensamos en los divorciados y las madres solteras. Pero, sorprendentemente, en los cincuenta la gran mayoría de los hogares de un solo progenitor eran de viudas.[1] La tasa de divorcios en los Estados Unidos se ha más que duplicado desde esa fecha anterior.[2] *El efecto en nuestros hijos es devastador.*

El quinto secreto de los padres eficaces —la quinta forma en que difieren significativamente de todos los otros papás— es en su compromiso para cultivar una relación matrimonial sólida con la madre de sus hijos.

He luchado para entender este secreto. Parece dejar poca cabida para variaciones. ¿Qué pasa con los padres cuyas esposas los abandonaron? ¿Cómo pueden estos hombres aplicar este secreto después de haber vivido un fracaso matrimonial? El secreto crea una enorme dificultad para aquellos hombres que aman sinceramente a sus hijos y quieren ser padres eficaces pero han tenido dificultades para amar a sus esposas.

Es cierto que muchos alegan que la relación padre-hijo es una relación y la de esposa-esposo es otra, y que una puede seguir firme a pesar de la otra. Resulta interesante que el mayor tema político referente a la paternidad use esta premisa. Una organización de renombre nacional se llama *Fathers for Equal Rights* (Padres por la Igualdad de Derechos), la cual suele alegar, exitosamente, en los tribunales que los padres son importantes en la crianza de un niño. Han ganado batallas de las custodias y aumentado el acceso de los padres divorciados a sus derechos. En la revista *Playboy* de enero de 1990 aparece un artículo que saluda a los 90 como la Década del Papá. Aunque ese cautivador título podría prometer el promover la paternidad en un sentido amplio, el artículo optó por enfocar el limitado aspecto político de los tribunales que otorgan a los padres divorciados un mayor acceso a sus hijos. La relación matrimonial no fue considerada parte del papel de padre. En forma similar hay mucha actividad política dando vueltas en torno a los padres homosexuales. ¿Debe permitirse que las parejas homosexuales adopten niños? Ambos temas reflejan una hipótesis comúnmente sostenida en nuestra sociedad: la relación de padre-hijo existe en forma independiente de la relación esposo-esposa. [3]

Pese a los argumentos de que los niños de hogares con un solo progenitor pueden triunfar en la misma forma que los niños de familias con los dos progenitores, los investigadores mejores señalarán rápidamente que los niños del divorcio sufren significativamente por ello.[4] La mitad de las familias con sólo la madre viven por debajo de la línea de la pobreza. Los adolescentes de las familias con sólo la madre tienen más probabilidades de ser sexualmente activos, susceptibles a la presión de los compañeros, abusar de las drogas y el alcohol, y tener malas notas en los exámenes escolares. Estos son sólo algunos efectos negativos.[5] Es cierto que hay muchos niños de hogares de un solo progenitor que son excepciones maravillosas. Si estás divorciado de la madre de tus hijos, todavía hay mucho que puedes hacer para que tus hijos sean la excepción. Por ejemplo, aún eres responsable de mantener una relación cortés con su madre y nunca atacarla o desacreditarla frente a ellos.

En el primer capítulo de este libro manifestamos que los padres son importantes. Podríamos haber usado fácilmente el segundo capítulo para decir que las madres son importantes. En cambio, usaremos este capítulo para expresar que los

RELACION CONYUGAL

Las puntuaciones de interacción conyugal de los padres se obtuvieron encuestando lo siguiente:

- Dar a los niños un sano modelo de conducta masculina referida a las mujeres.
- Cultivar un matrimonio sólido dándose tiempo a solas con la esposa.
- Trabajar para tener un matrimonio romántico, sexualmente satisfactorio.

La siguiente gráfica sirve para demostrar cómo se comparan los padres firmes con los otros padres.

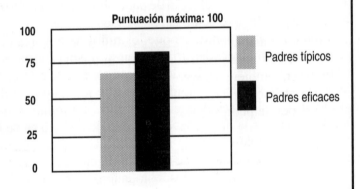

Puntuación máxima: 100

Padres típicos

Padres eficaces

Los padres típicos promediaron 65% de la puntuación máxima mientras que los padres eficaces tuvieron una puntuación 23% más alta. Los padres eficaces en promedio dijeron que su relación matrimonial era "buena" mientras que el promedio de los padres típicos dijo "regular".

padres y las madres son importantes. Por lo menos tenemos que admitir que si no fuera por una mujer, ningún hombre podría ser padre. Pero no vayamos tan lejos a menos que también admitamos que sin una sólida relación matrimonial, ningún hombre puede llegar a ser un padre muy eficaz.

Lamento que estas declaraciones pisen algunos callos. Sé que puedo estar ubicándome como un rayo fulminante en el cielo tormentoso pero pienso escudarme tras los cuatro mil hombres comprendidos en nuestro estudio. La investigación parece concluyente.

Pero mientras estoy en esto, puede que tenga que pisar otros callos más. Sospecho que la mayoría de mi público para este libro está casado con seguridad, y tan lejos del divorcio como de la tumba. Pero permíteme que plantee esta pregunta: ¿Aunque no estés divorciado estás viviendo como si lo estuvieras? ¿Estás metido en una relación de coexistencia muerta con tu mujer por el bien de los niños? Estar casado no te hace automáticamente un papá eficaz. Lo que hizo diferentes a nuestros padres eficaces es que cultivaban matrimonios firmes en que ellos y sus esposas estaban creciendo juntos en amor, confianza y comunicación. Si quieres llegar a ser un padre mejor, tendrás que dedicar energía a llegar a ser, también, un esposo mejor.

Un matrimonio firme sirve mucho para ayudarte a cumplir tu papel de padre. Podemos dividir este quinto secreto de los padres eficaces en dos componentes: la interacción conyugal y la conversación de los padres. La interacción conyugal es, simplemente, el lazo de amor que tienes con tu esposa. Cuando lo fortaleces, provees una atmósfera de seguridad en tu casa en la cual pueden crecer tus hijos. También eres modelo de un matrimonio eficaz, y así, determinas cómo perciben el matrimonio tus hijos y si ellos mismos serán, cuando llegue la hora, exitosos cuando se casen.

La conversación de los padres es el segundo componente de la paternidad que abarca a tu esposa. Cuando conversas de tus hijos con tu esposa y ella te informa respecto de tu paternidad, creas un equipo de padres que usan su sabiduría para criar a los hijos.

Una de las mejores cosas que puedes hacer por tus hijos

La interacción conyugal significa concentrarte en tus hijos enfocando a tu mujer. La acción puede parecer indirecta pero tus hijos serán los beneficiarios directos.

Hay muchos estudios que documentan la relación de un matrimonio firme con la paternidad eficaz. Un estudio de niños en edad escolar y de sus padres y madres reveló que la calidad del matrimonio predice la habilidad de un padre para dar información positiva.[6] Si el padre tenía una satisfacción conyugal baja, era más probable que fuera intruso en sus interacciones entre padre-hijo y diera reacciones menos positivas a sus hijos. El extremo de los hallazgos negativos fue un estudio hecho en 1987 con 129 padres incestuosos. El fracaso conyugal de los depravados sexuales fue una de las características distintivas que condujeron al abuso sexual de los niños.[7]

Un estudio hecho en Israel mostró que la satisfacción conyugal del padre influyó en los padres que veían la paternidad como una experiencia autoenriquecedora.[8] Glen Elder, el hombre que hizo el estudio de las familias que vivieron la Gran Depresión, descubrió que un matrimonio que mantenían una relación estrecha y compatible mitigaba algunos de los malos efectos de la privación económica, particularmente en los hijos varones. En otras palabras, un matrimonio con una relación estrecha fue capaz de dar seguridad a los niños a pesar del gran desastre económico.[9]

Aunque podemos tener la tendencia a separar las interacciones de esposo-esposa y las de padre-hijo como si fueran dos relaciones diferentes, estos estudios indican que es imposible. La calidad de la vida conyugal determina en gran medida nuestra comunicación con los hijos, la protección sexual de nuestros hijos, nuestra entrega y satisfacción con nuestros hijos y la habilidad de nuestros hijos para tratar con las crisis. Estas son sólo unas pocas conexiones.

¿Amas a tus hijos? Bien, una de las mejores cosas que puedes hacer por ellos es amar a su madre. El principal

ˉ ALEJÁNDOSE PARA MANTENERLO UNIDO

Bill Wellons escribe: "En los últimos ocho años mi esposa y yo hemos aprendido el tremendo valor de escapar cada año o dos años de la rutina de las actividades acostumbradas y de los atareados horarios planificando un tiempo lejos para pensar. Más que cualquier otra herramienta, este plan de juego de alejarse ha servido para mantener la frescura y vitalidad de nuestro matrimonio a medida que buscamos que la voluntad de Dios se haga a través de nuestro matrimonio y familia".

Para ayudar a otras parejas a tener sus propios retiros de fin de semana, Bill y Carolyn, su esposa, han escrito un manual llamado *Getting Away to Get It Together*. En el transcurso de un fin de semana, tú y tu esposa tratan seis ejercicios que les sirven para hablar sin interrupciones, recordar varios hitos, equilibrar prioridades como equipo y planificar cómo trabajar la relación de ustedes hasta que llegue el momento del próximo retiro. Una lista de verificación antes de irse asegura que los niños sean cuidados y que las expectativas de ustedes sean reales.

Según Bill y Carolyn, una gran experiencia de retiro:

- Requiere cierta cantidad de tiempo sin presiones (idealmente un mínimo de dos noches y parte de tres días).
- Equilibrar la estructura y la espontaneidad en el programa.
- Permitir un tiempo aparte para reponer las fuerzas individuales.
- Concentrarse en el proceso de disfrutar juntos aun más que en el producto terminado.
- Destacar el ubicar tu matrimonio a la ofensiva más que a la defensiva en lo tocante a cosas de la vida.
- Exige que pienses en el pasado, el presente y el futuro.
- Debe ser en un entorno que estimule el romance y la relajación.
- Requiere una inversión mutua que bien vale el dinero que gastarás

Para pedir Getting Away to Get It Together escribe a Bill Wellons a 12061 Hinson Road, Little Rock, Arkansas 72212.

beneficio de la buena interacción conyugal para los hijos es una atmósfera de seguridad.

Puedo ver a una niña que sale de la escuela y va a casa. Ella deja a su mejor amiga en la esquina y camina por la calzada hacia su casa. Su bolso verde y rosado rebota en su espalda y hace que su rubia cola de caballo vuele tras de ella. Se acerca a la puerta y su mano toca la perilla. En este punto puede pasar una de dos cosas. La manita hace girar la perilla sin pensarlo y la niña pasa aprisa por el umbral. "¡Llegué!", dice. Tira su bolso a la mitad del pasillo, como suelen hacer los niños, y entonces va brincando a la cocina para un abrazo y una merienda después de la escuela.

En el otro escenario, volvamos al portal, la manita vacila en la perilla, la gira lentamente, para que el cerrojo no se abra aún. Esta niñita está pensando *¿cómo será hoy?* Se inclina, con su oreja casi rozando la puerta, escuchando.

Ella puede oír que mamá y papá —las dos personas más importantes de su vida, las dos personas a quienes más ama— pelean descontroladamente. O, cuando el cerrojo se abre por fin y la puerta se abre, puede revelar lo que ella ha estado temiendo por meses: papá se fue. El arrendó un departamento por un par de meses hasta que pueda encontrar algo más permanente mientras espera que pase el divorcio. Lo último que esta niñita quiere, es hacerle frente al temor de abrir la puerta y entrar a esta casa.

Ambos escenarios ocurren todos los días en las casas de los Estados Unidos.

Rebecca es una niña que abrió la puerta un día para hallar que su vida había cambiado para siempre. Ella estaba en el sexto grado cuando escribió un ensayo para el Centro Nacional de la Paternidad:

Todos los de mi familia tuvieron que tolerar mucho con todas las cosas que estaban mal. Una cosa de este divorcio es que cuando voy a la casa de mis amigas a pasar la noche, sus padres suelen entrar y decir buenas noches, no adiós. Cuando mi padre viene a buscar algo y está por irse, siempre viene y me besa en la mejilla y entonces dice "adiós" y se va. Y eso duele mucho. Algunas veces sólo quiero llorar. Deseo que esto nunca hubiera pasado....

Esta niñita siente la pena tan profundamente que tiene en cuenta frases tan sutiles como la diferencia entre *buenas noches* y *adiós*. La atmósfera de su niñez, aunque su padre la ve con regularidad y le muestra afecto físico, es una atmósfera de pena.

Compara eso con lo que escribió Tasha, de cuatro años: "El trata muy bien a mi mamá lo que me hace sentir querida". Los niños *se dan cuenta* y las nociones del matrimonio que extraen en su niñez tendrán ramificaciones durante toda su vida adulta.

El padre y la madre son los líderes del hogar. Ellos originaron la familia y todos los hijos sacan sus claves de ellos. Aunque el matrimonio no es la única relación de la familia, ciertamente es la primera y la más importante. ¿Qué pasaría en una empresa si, por alguna razón, los dos socios mayoritarios empezaran a pelearse? ¿Qué pasaría si estos dos socios directores proclamaran para la empresa, de repente, visiones que se contraponen o armaran un intenso conflicto de personalidades? Independientemente del calor con que estos dos socios han comunicado su compromiso a los empleados de la empresa, toda la compañía sufriría de todos modos. La moral decaería. Todos empezarían a preocuparse por la seguridad del trabajo. Algunos ejecutivos se irían. La atmósfera emocional de toda la organización refleja la calidad de su más importante relación.

Pero la familia es más que una *organización*, es un *organismo* en que esposo y esposa se han vuelto uno y en que los hijos son nuestra carne y sangre. Esto hace absolutamente más crucial la relación. ¿Qué pasaría a nuestro cuerpo si nuestro cerebro y corazón decidieran no interactuar entre sí de manera saludable? ¿Qué pasaría si el cerebro decidiera no recordarle más al corazón que bombee? ¿Qué pasaría si el corazón optara por no alimentar más con sangre al cerebro? ¿Qué esperanza habría para cualquiera de las otras partes del cuerpo, independientemente del nivel de compromiso que pudieran tener el cerebro y el corazón para el bienestar de ellas?

Si la atmósfera de un matrimonio es la desconfianza, la atmósfera de la familia es la desconfianza. Si la atmósfera de un matrimonio es la rabia, la atmósfera de la crianza de los hijos es la rabia. Si la atmósfera de un matrimonio es la falta de comunicación, el niño crecerá en una atmósfera de silencio y presentimientos.

Por otro lado, si la atmósfera de un matrimonio es el amor, toda la familia absorberá ese amor. Los niños que tienen padre y madre que se aman, tienen un grandioso suelo en el cual echar raíces. Sus casas irradian con un sol que nutre el crecimiento. *Un matrimonio firme origina seguridad.* El niño no tiene que temer que el fundamento de su vida —el matrimonio de sus padres— vaya súbitamente a estremecerse, combarse y separarse.

Como todos los secretos de los padres eficaces, la sólida interacción conyugal continúa dando fruto en la vida del niño mucho después que éste se ha ido de la casa. Los padres que tienen un matrimonio sólido también son *modelo* de la firme interacción conyugal. Todos los niños nacen solteros y solteras. La primera impresión que tienen del matrimonio es lo que observan en la unión de sus propios padres. Ellos te están observando. Ellos están anotando. Tus hijos, aunque sea subconscientemente, se preguntan: ¿Qué significa ser esposo? También tratan de averiguar quiénes son estas criaturas llamadas mujeres y te observan para ver cómo las percibes tú y qée respeto les das. Tus hijas también tienen sus ojos en ti. Someterse uno a otro en el misterio del matrimonio puede ser algo pavoroso; tus hijas se preguntan cuán bien sale su madre en este trato.

Christine es una conocida mía, de treinta y seis años, que preguntó recientemente a su madre: "¿Piensas que papá te trata bien?" Su mamá le contó algo que se moría por contar a alguien, algo que pasó una tarde de años antes cuando ella volvía a casa del trabajo después que el jefe la había reprendido severamente. Ella estaba cerca de la cocina tratando de

TRABAJO DE EQUIPO

El corazón de la interacción conyugal es un trabajo de equipo: un hombre y su esposa "trabajan juntos para una meta común". Y, sin embargo, eso es casi un cliché y una forma tan inadecuada de describir el trabajo en equipo. Para enfocar una definición más apta, tengo que referirme al concepto del trabajo en equipo. Es la manera en que un jugador de baloncesto puede tomar un rebote, y casi sin mirar, hacer un pase hacia el otro lado de la cancha, sabiendo exactamente dónde estará el que encestará. Es el parador en corto que está entre la segunda y la tercera bases; y cuando recibe la pelota se mueve instintivamente, en perfecto acuerdo con sus compañeros, entregando la pelota al primero, justo a tiempo para poner fuera a dos jugadores contrarios.

Una mejor ilustración del trabajo en equipo se dio en el pueblito de Lake Placid, Nueva York, cuando el equipo estadounidense de *hockey* ganó la medalla de oro. Cuando lo pienso ahora, no puedo nombrar a ninguno de esos jugadores de *hockey* y, de todos modos, lo que hicieron es algo que mucha gente de este país nunca olvidará. En diciembre de ese año, la revista *Sports Illustrated* cambió su premio anual de "Deportista del Año", que solía ir a Muhammad Alí o a Kareem Abdul Jabbar, por el de "*Deportistas* del Año".

Ese trabajo de equipo tiene efectos poderosos. Un hombre estaba conduciendo su automóvil en medio de una lluvia torrencial e iba escuchando el juego entre el equipo de los Estados Unidos y el equipo de Rusia en la radio de su vehículo. A medida que se aproximaban los tic tacs finales del reloj, él se detuvo a un lado del camino y empezó a gritar y tocar bocina desde adentro de su automóvil. Salió a la lluvia y gritó un poco más. Para entonces ya eran ocho o nueve automovilistas que también habían parado para agregar sus gritos al coro. Los diez se fueron corriendo junto al camino mientras pasaban los automóviles salpicando, empapándolos, pero no les importaba. Gritaban al unísono "¡ganamos a los rusos!" Cosas que nunca hubieran pasado en circunstancias habituales: diez extraños bailando y abrazándose unos a otros cerca de una autopista, pero estas cosas son posibles cuando hay trabajo de equipo.

A continuación como el escritor E. M. Swift lo vio para *Sports Illustrated*:

Individualmente eran deportistas buenos y dedicados. Algunos tendrán excelentes carreras en el hockey. Otros fracasarán. Pero colectivamente fueron un grupo trascendente. Durante siete meses se apoyaron mutuamente y se empujaron de peldaño en peldaño, hasta que en esas dos semanas de febrero, un grupo de aficionados sin ser anunciados, llegó a ser el mejor equipo de hockey del mundo. El mejor equipo. El todo fue, muy de lejos, mayor que la suma de sus partes. Y no fueron sólo un equipo; fueron innovadores, exuberantes y sin ningún miedo a triunfar. Fueron un reflejo perfecto de cómo quieren ser percibidos los estadounidenses.

Se adueñaron de todo el país por un rato. Hicieron que usted quisiera tomar el televisor y acostarse con él. Realmente le hicieron sentirse bien.

Creo que este es el reflejo perfecto de cómo desean ser percibidos cada equipo de esposo-esposa. Los que estarán celebrando por el resto de sus vidas serán sus hijos. Juntos como pareja realmente pueden hacer que se sientan bien.

En 1981 la cadena ABC presentó una película del equipo de los Estados Unidos llamada *el Milagro sobre el hielo*. Verdaderamente era un milagro. Fue David venciendo a Goliat; Los Miracle Mets del 69.

Esa es la clase de fenómeno que puedes vivir en tu casa. Mira a tu alrededor. Las probabilidades están de cien a uno en contra tuya en el mundo actual. Pero el todo de tu matrimonio es, en realidad, más grande que la suma de sus partes. Es hora de dejar que Dios obre en tus hijos por medio del milagro del trabajo en equipo.

E.M. Swift, "A Reminder of What We Can Be" Sports Illustrated 22/29 diciembre de 1980, 30-46.

preparar la cena pero no pudo contener sus lágrimas. Su marido estaba mirándola, desde la mesa, pero ni siquiera se molestó en preguntar: "¿Qué está mal?"

Christine le dijo a su madre, como respuesta al relato: "Con una pena así, ¿por qué desearía alguien casarse?" Hasta la fecha Christine no se ha casado. Dice que le gustaría casarse y hasta ha recibido propuestas de matrimonio, pero algo la retiene.

Tu modelo de un matrimonio de amor influye muchas de las perspectivas y costumbres de tus hijos para sus propios matrimonios. Antes que él o ella se case, influye en la visión que tiene tu hijo sobre si es deseable el matrimonio. Después de la boda, ayuda a que tu hijo se forme un sano concepto de lo que hace, dice, piensa o siente un marido o una esposa. También afectará las decisiones de tu hijo acerca de si continuar en medio de los tiempos duros que su matrimonio tendrá inevitablemente. Es fácil ver por qué los hijos de padres divorciados tienen más probabilidades de divorciarse de sus cónyuges que los hijos que crecieron en casas con padre y madre. Ellos se hacen preguntas sobre esta cosa llamada matrimonio y tratan de entender por qué algunas personas hablan de eso con un brillo en los ojos mientras que otras aprietan su mandíbula y emiten amargos insultos. Como padres somos el modelo de nuestros niveles de entrega o apatía a la institución del matrimonio.

Si le preguntaras a los padres: "¿Cómo quisiera que salieran sus hijos?", la mayoría hablaría de que fueran buenos ciudadanos, personas respetables, exitosas y satisfechas con sus carreras. La mayoría de los padres también admitirían que les gustaría que sus hijos se casaran con buenos cónyuges y fueran felices en sus matrimonios. Algunos padres hasta hablarían de los nietos deseando que estos pequeños crecieran en una atmósfera de amor y cooperación. Tú, como padre, tienes mucho que decir de estos resultados, hasta de la vida hogareña de los nietos que no han nacido todavía pero, no se te permite decirlo o escribirlo en un testamento; tienes, en cambio, que *ser el modelo*. Ama a tu esposa y es probable que tu hijo ame a la suya. Crea una atmósfera de amor por medio de la sólida interacción conyugal en tu hogar y es probable que tus nietos crezcan en una también.

Trabajo de equipo

El otro aspecto de la paternidad que comprende a tu esposa es la conversación entre padre y madre. Si la interacción conyugal es donde tú y tu esposa se unen como uno solo para concentrarse en el otro, la conversación de padre y madre es donde ustedes se unen —también como uno solo—, para concentrarse en sus hijos.

He aquí las preguntas que nuestros padres eficaces pudieron contestar afirmativamente:

1. ¿Habla con su esposa del desarrollo de los niños?
2. ¿Habla con su esposa de los problemas de los niños?
3. ¿Habla con su esposa de las metas para cada niño?
4. ¿Habla con su esposa de sus frustraciones de padre/madre?

Si pudiste contestar también con un sí estas preguntas, entonces has descubierto que de todos tus activos de la paternidad —tus armas secretas, si lo prefieres— la que está en el primer lugar de la lista es tu esposa. Has descubierto que no estás solo y también que tú y tu esposa pueden formar un equipo de padre y madre que puede trabajar con eficacia para el beneficio de sus hijos.

Le preguntamos a los padres encuestados: "¿Qué persona ha contribuido más para ayudarte a vencer las dificultades de tu paternidad?" Algunos pusieron a sus pastores, otros a sus amigos y hasta a su papá. Algunos mencionaron al psicólogo James Dobson pero la respuesta abrumadora a nuestra pregunta fue "mi esposa".

La misma sinergia es muy notable. Las mujeres han hecho un admirable trabajo heroico al criar a las pasadas generaciones de niños. En muchos casos, tuvieron que hacerlo solas, pues muchos hombres renunciaban al papel de padre y estaban ciegos a las satisfacciones en el largo plazo que tiene la participación activa en la familia. Pero por buena que sea una madre no puede ser padre. Sólo un padre puede ser padre. A medida que los hombres regresen al hogar, como muchos hacen hoy, no es simplemente que se sume un segundo progenitor. La madre es la madre pero también es esposa, la que, por medio de la conversación, puede ayudar a su marido a ser un mejor padre.

Esto coincide con el consejo del siglo diecisiete. Como se dijo antes, el autor puritano Willian Whately sugería que al ser padre y madre "dos ojos ven más que uno".[10] Otro epigrama puritano recordaba a los padres que la esposa es su ojo para ver cuando usted no está, ella es su mano para tocar, ella es su oído para escuchar. En palabras sencillas ella es una persona viva que puede obtener información acerca de tus hijos que tú no puedes conseguir. Los suyos son los ojos penetrantes adicionales que los padres necesitan.

En realidad hay tres cosas que tu esposa puede darte por medio de la conversación entre padre/madre. Primero, puede darte datos adicionales de tus niños. Ella estará con ellos en lugares donde tú no estarás. Ella puede estar en casa durante el día, mientras tú trabajas. Ella puede estar con tu hija en una práctica de *softball* mientras tú llevas a tu hijo a repartir el periódico. Pero cuando ambos se juntan de nuevo y los niños se aquietaron para la noche, tú puedes preguntar: "¿Y cómo está Susie?", y tu esposa te contará las cosas. Obtienes mucho más conocimiento acerca de quiénes son tus hijos.

Tu esposa también puede darte una perspectiva diferente de tus hijos. Si estás sentado en el sofá y tu esposa en un sillón, ambos pueden estar mirando al mismo niño que juega en el suelo de la sala de estar pero tú verás al niño en forma diferente. En cierto sentido, sólo ves una parte de la vida de tu hijo: tu perspectiva. Tu esposa tiene una perspectiva diferente y cuando comparen sus notas pueden aclararse muchas cosas. Pregunta a tu esposa: "¿Bien, qué te parecen las calificaciones de Jonathan?" o "¿Piensas que es rara la forma en que Tammy nos presentó a sus amigos?" En particular querrás la perspicacia de tu esposa cuando se trata de relacionarte con tus hijas que crecen.

La habilidad de mi esposa, especialmente su agudeza de ingenio, para conocer el interior de nuestros hijos, y ¡de su esposo!, me quedó clara hace poco. Creo que he mencionado mi sistema de ordenar: pongo las cosas en pilas. Todos los de mi casa lo saben y me justifico diciendo que soy orientado a la investigación y que es una destreza importante para mi investigación. Un día, Dee vino a decirme que acababa de saber por qué había escasez de toallas en nuestra casa, y era que no menos de doce toallas estaban en diversas pilas de cosas en el suelo del dormitorio de Sarah. "¿Qué?", dije. "¡Doce toallas! ¡No puedo creerlo! Ella debiera saber que..."

Me detuve cuando me di cuenta de que un extremo de la boca de mi esposa se curvaba en una sonrisa. Ella puso su dedo en la barbilla y me miró pensativa: "Hummm. Actúa como alguien que conozco".

Ahí estaba yo, listo para saltar sobre Sarah y armar una crisis familiar menor cuando para Dee era claro que esto podía explicarse y disculparse fácilmente. Ahora me doy cuenta de que Sarah ha heredado mi gen de apilar.

La conversación regular con tu esposa puede darte también datos de cómo mejorar tus propias capacidades de ser padre. Un estudio informó que la falta de destrezas de los padres respecto de la crianza de los hijos suele estar ligada al creciente conflicto conyugal.[11] La razón de la falta de habilidades paternales de estos padres es que se encierran a los conocimientos de los profesores más sabios en la crianza de los hijos: sus esposas. Pide consejo y escucha. También pide reacciones. Es fácil cegarse a nuestras propias debilidades y fortaleza. A veces la pregunta más provechosa que puedes hacer es, simplemente: "¿Querida, ¿cómo lo estoy haciendo?"

El padre que conversa con su esposa acerca de su paternidad gana mucha confianza. Ya no sigue chapoteando, sencillamente esperando evitar los disparates mayores antes que los niños se vayan de casa. Como mínimo, aprende cómo ser padre. Los errores que cometa son simplemente lecciones que aprender, y él aprende sus lecciones, habiéndolas conversado completamente con su esposa. La conversación de padre/madre también conduce, naturalmente, a establecer metas para los hijos y a crear planes para la condición de padre/madre de ustedes. Tú y tu esposa pueden decidir de antemano las cosas como a qué edad permitirás que tus hijas empiecen a maquillarse o cuáles reglas gobernarán el uso del automóvil familiar. Te hallarás tomando decisiones de antemano, cuando puedes pensar sabia y objetivamente, antes que ruja el ardor de la batalla y mine tu confianza.

Ahora estoy trabajando en otro libro, con Nancy Swihart como coautora, el cual tiene el título tentativo de *Wives Helping Husbands Become Better Fathers* (Esposas que ayudan a sus esposos a ser mejores padres). La pobre Nancy se ha visto sitiada. Su parte del escrito sigue siendo interrumpida con pedidos para comprometerla a hablar y a escribir artículos sobre el tema. Las mujeres suelen anhelar invitar a sus maridos a ser parte del equipo padre/madre.

Ocasionalmente me encuentro con una mujer que parece proteger mucho su papel de padre/madre, hasta resentirse de que su marido haya empezado a meterse en su territorio. Si tu esposa parece crear una valla entre tú y los niños, si preguntas algo de los niños y ella contesta: "¿Por qué quieres saber?", el mejor regalo que puedes hacerle es la empatía. En muchos casos las mujeres también están elaborando cosas de una infancia sin padre. Los padres no son personas que hayan aprendido a confiar y, desafortunadamente, esta desconfianza puede transferirse a ti, el padre de sus hijos. También tenemos que admitir que nos hemos ganado algo de esa desconfianza, particularmente si hemos tirado a los niños sobre nuestras esposas durante los años en que hemos estado fuera conquistando al mundo.

Cualquier renuencia de parte de la esposa para invitar a su marido al equipo padre/madre demuestra la importancia de tener una firme interacción conyugal que acompañe a la conversación entre padre y madre. Si tú tratas de conversar con tu esposa acerca de cómo satisfacer las necesidades de tus hijos sin prestar atención a la manera en que también puede satisfacer las necesidades de ella, *estás usando* a tu esposa. Ella se sentirá como una niñera glorificada, contratada para ser la administradora de tus mayores intereses. En cambio, si expresas tu creciente entrega a ella en forma sincera y habitual, tu esposa se te unirá ávidamente cuando trabajan juntos en un gran interés común: los hijos de ustedes. Habrás descubierto un tesoro único e inapreciable.

Realce del lazo conyugal

Tener un plan para realzar tu lazo conyugal es tan importante como tener un plan para interactuar con tus hijos. Hay muchos libros y seminarios útiles que pueden capacitarte para enriquecer tu matrimonio. Pide sugerencias a tu esposa, tu pastor o a tus amigos. Pero en el resto de este capítulo permite que te dé esos datos prácticos que ligan más estrechamente a tu matrimonio y tu paternidad.

Repite frecuentemente tus votos matrimoniales para que tu esposa e hijos puedan escucharlos con regularidad. Creo que lo vi en una vieja película de "Todo en familia", aunque si no fue así, no me cuesta imaginarme a Archie y Edith en esta escena: Archie en su sillón favorito, leyendo el periódico. Su esposa Edith teje callada en el sofá. Ella mira insistentemente a su marido y, por fin, pregunta:

"Archie, ¿me amas?"

Archie deja caer el periódico. "¿Qué clase de pregunta es esas?", pregunta.

"¿Sigues amándome?"

"Por supuesto que te amo. ¿Por qué preguntas?"

"Nunca me dices que me amas", replica Edith.

"Oh, eso no es verdad", responde Archie. "En nuestra noche de bodas dije 'Edith, te amo'".

"Pero yo tengo que oírlo más".

"¿Qué quieres decir? Te lo dije una vez. Eso debiera bastar. Si alguna vez cambia, te lo haré saber".

Nuestras esposas necesitan oírnos reafirmar nuestro compromiso con ellas en forma regular. Cuando hacemos nuestros votos en la ceremonia de la boda, si usamos los votos tradicionales, nuestras esposas nos oyen prometer nuestra fidelidad "en riqueza, en pobreza, en enfermedad y en salud, desde hoy en adelante y hasta que la muerte nos separe". La ceremonia de la boda no hizo expresar nuestro compromiso de una sola vez por todas, pero el matrimonio nos deja separar esos votos en pedazos más comprensibles y demostrables. Durante los períodos de riqueza y salud decimos: "Querida, las cosas están saliendo realmente bien y quiero que sepas que no puedo pensar en que hubiera escogido otra mujer para disfrutar de todo esto con ella". Durante los períodos de pobreza y enfermedad, repetimos nuestros votos: "Querida, puede que ahora estemos luchando, pero quiero que sepas que voy a estar a tu lado". También repetimos nuestros votos "desde hoy en adelante": "Bien, querida, he aquí que entras a los cuarenta pero tengo que decirte que estás más atractiva para mí que cuando nos casamos" o "Querida, los niños se han ido de la casa pero todavía te tengo a ti y eso basta. Te amo". Nuestras esposas necesitan oírnos repetir nuestros votos a través de los años y en tantas situaciones diferentes como sea posible (la menopausia es una importante). Y tenemos que admitir, ¡que nos gusta cuando ellas hacen lo mismo con nosotros!

Nuestros hijos también necesitan escuchar que repetimos nuestros votos a nuestras esposas. El vecindario donde vivimos tiene muchas familias que han pasado o están pasando por el divorcio. Mis hijos juegan con sus hijos, visitan sus casas y los traen a la nuestra. Probablemente tus hijos sean parecidos: todos los niños conocen a algunos niños cuyos padres se han divorciado.

Una vez mi esposa Dee y yo tuvimos que dejar que nuestra cuenta bancaria disminuyera. Yo tenía que hacer una compra grande y le había dado a Dee otro cheque para depositar en la cuenta para poder girar el cheque de la compra. Al día siguiente estábamos sentados en la sala. Los niños jugaban a nuestro alrededor. De repente se me ocurrió preguntarle por el depósito, así que le pregunté a Dee si había depositado el cheque.

Sus cejas se arquearon y el lado derecho de su boca se tensó. "Oh, no", dijo. Se había olvidado. El cheque estaba todavía en su cartera.

Ahora bien, supongo que podría haberme dicho que estas cosas pasan y que, por cierto, yo me había olvidado bastantes cosas en mi vida. En cambio, mi mente se concentró en el sobregiro, la multa de quince dólares y el hecho de que esto había pasado antes.

"¡Oh Dee, llora lo que quieras! Andabas haciendo cosas. ¿No te acordaste de ir al banco?", y seguí haciendo unos cuantos comentarios insensibles más. Llegó el momento en que los ojos de Dee empezaron a llenarse con lágrimas.

Pero inmediatamente nos olvidamos de la discusión (o *mi* discusión) cuando nos dimos cuenta de que todo se había vuelto muy callado alrededor de nosotros. Miramos a nuestros hijos y ellos estaban contemplándonos con miradas que sólo puedo calificar de asustadas.

Dee y yo no habíamos estado gritándonos uno a otro. No habíamos estado aullando y tirándonos cosas. Aunque yo fui insensible, ambos sabíamos que esto era sólo otro de esos desacuerdos que surgen en el matrimonio. Ambos sabíamos que todo sería cubierto por el perdón mutuo.

Sin embargo, nuestros hijos estaban con sus ojos muy abiertos. *Así es como luce el divorcio* se decían a ellos mismos. Hannah y Sarah estaban intercambiando miradas. Ellas estaban pensando lo mismo: *¡Cassie Greenwood!* Cassie es una amiga de ellas cuyos padres están pasando por estrecheces económicas. Los Greenwoods están considerando declararse en quiebra y la tensión ya los ha empujado a una separación temporal. Mis hijas oyeron que Dee y yo discutíamos por el cheque, sintieron algo de tensión en el aire y concluyeron, *mamá y papá van a divorciarse.*

Dee y yo nos sorprendimos de la facilidad con que nuestras hijas llegaron a la conclusión de que nos íbamos a divorciar a pesar de tener lo que consideramos un matrimonio sólido. Nos recordó que tenemos que repetir regularmente nuestros votos ante nuestros hijos. Lo hicimos ahí mismo. "Tu mamá y yo podemos tener desacuerdos ocasionales, pero también sabemos que hicimos unos votos ante Dios y que estos votos fueron atestiguados por tus abuelos y tus tías y tíos. No vamos a divorciarnos. Nos amamos. Sé que los Greenwoods pueden estar divorciándose pero nosotros vamos a ser diferentes".

Habla del matrimonio y del divorcio con tus hijos. Puede que desees desenterrar tu álbum de bodas del cajón y mirarlo con tus hijos. Después que terminen de comentar cuánto pelo tenías entonces y de reírse del ancho de las solapas de tu traje de gala, puedes empezar a decirles por qué te casaste con su mamá y qué piensas de los votos que hiciste. Dee y yo tenemos una tradición para el Día de los Enamorados. Reunimos a los niños y Dee y yo nos sentamos uno al lado del otro. Juntos les hablamos de nuestro mutuo amor y, luego, oramos en voz alta por cada uno de ellos y por sus futuros cónyuges, como Dios quiera (¡aunque Joel está en la edad en que el matrimonio es una idea muy repugnante!)

Muestra afecto a tu esposa frente a tus hijos. Hablar de tu entrega es una cosa; demostrarla es otra. Palabra y obra juntas dan una prueba convincente: papá ama a mamá y todo está bien en el universo.

Creo que no tengo que dar más consejos prácticos aquí. Sabes qué hacer: un pellizquito en la mejilla, un tierno abrazo cuando llegas a casa, un calmante masaje en la espalda, compartir el lugar del sofá, y quizás, hasta un largo beso ocasional que sea suficientemente apasionado para turbar a tus adolescentes. ("Mamá, papá, por favor, hay niños en la sala".)

Este consejo concerniente a DPA, Despliegue Público de Afecto, debe ir acompañado de esta advertencia: no hagas en público lo que no haces en privado. Esa es la esencia del fariseo. Si no demuestras afecto en forma habitual a tu esposa en privado, ella empezará a sospechar que tus demostraciones de cariño en público son simple teatro sin sentimiento ni sentido subyacentes.

Cítate con tu cónyuge. Esta es una expresión popular. Lo que me gusta de ella es que es más que la acción de salir con tu esposa a pasar una noche especial juntos. Es una filosofía. "Cítate con tu cónyuge" es una actitud en que procuras tratar a tu esposa como lo hiciste antes de proponerle matrimonio.

Había mucha tensión en las citas de antes, que el matrimonio felizmente alivió. Ahora puedes relajarte y ser tú mismo. Puedes deleitarte en la naturaleza incondicional de la entrega matrimonial. Pero también había mucha emoción y ardor en las citas. No dabas por sentado a esta muchacha de tus sueños. Estabas tramando conscientemente cómo ganar su corazón. Probablemente te fijabas mucho en lo que la hacía feliz. Era un deleite cada vez que la veías. Citarte con tu cónyuge significa volver a instalar algunas de las condiciones de la relación de ustedes cuando se citaban. O quizás ya no tengas que pedirle permiso a su padre. Y ese toque de queda a las once de la noche es cosa del pasado. Pero reaviva tu propósito: volver a ganar continuamente los afectos de tu verdadero amor. Y reaviva algunas de las antiguas actividades: cenas y películas y paseos en el parque (con los niños bien cuidados con la abuela).

Citarte con tu cónyuge puede servir también a tus hijos. La cita les dará su cuota de tensión. Habrá un día en que tu hijo irá y vendrá frente al teléfono tal como tú hiciste cuando tenías su edad. El estará ensayando lo que va a decir sobre estar en el curso de matemáticas con esta muchacha y si ella "no tiene nada que hacer el viernes por la noche". Por fin, él reunirá suficiente valor para marcar seis de los siete números del teléfono de ella. Puede ser una experiencia que retuerce los intestinos. Puedes conversar con tus hijos de su primera cita y hacerles saber a qué atenerse, pero también puedes demostrarle mucho. Tus hijos estarán observando cómo abres la puerta del automóvil a tu esposa. Estarán oyendo cuando la felicitas por lo bien que se ve con ese vestido nuevo.

Lleva contigo a tus hijos cuando vayas a comprar un regalo para tu esposa. Tu aniversario. Su cumpleaños. El Día de los Enamorados. Navidad. "Ninguna ocasión en especial; sólo quería darte una sorpresa".

Tus hijos estarán presenciando que das expresión a tu amor. Ellos verán que estimas a tu esposa en su posición. Cuando pidas sus ideas para regalos, no sólo obtienes buenas ideas sino que les comunicas que su madre importa; no es que cualquier regalo sirva, quieres darle algo especialmente apto para ella. (La mejor indirecta que he oído últimamente: ¡Las mujeres no consideran regalo nada que tengan que enchufar!)

No hagas sufrir innecesariamente a tu esposa por amor a tus hijos. Haz una prioridad financiera de las necesidades básicas de tu esposa. Me sorprende cuán rápido se salen nuestros hijos de sus ropas. Le compramos a Sarah un pantalón y ella se queja: "Pero es demasiado largo. Miren lo suelto que es". Le decimos que crecerá para que le quede bien pero no oye; ella *se sale* del pantalón. La próxima vez que la veo con el pantalón el borde ya está casi visiblemente subiéndose por su tobillo. Tiempo de uno nuevo. En unos cuantos años de la vida de un niño reemplazas realmente todo un guardarropa en cosa de doce meses. Estoy consciente del peso financiero que es gastar dinero en la ropa de mis hijos pero tengo que recordar no olvidar a Dee en el proceso. Es bueno para nuestras esposas, si ese es su deseo, comprarse ropa nueva, verse bien, sentirse bien con su femineidad.

Demasiado a menudo olvidamos lo que necesitan nuestras esposas porque estamos demasiado conscientes de lo que necesitan nuestros hijos. Suponemos que nuestras esposas deben sacrificarse porque, después de todo, eso es lo que hacen las madres (los padres). No es bueno expresar ese sentimiento porque tu esposa puede, muy bien, hablar de los nueve meses de embarazo y de las dieciséis horas de trabajo multiplicadas por tantos hijos. Ellas tendrán la razón: han sufrido suficiente. Conozco a hombres que han pospuesto una operación de sus esposas para poder comprarle frenillos a sus hijos.

La sana interacción conyugal y la cabal conversación de padre/madre son los medios por los cuales invitas a tu esposa a ayudarte a multiplicar tu destreza de padre. Juntos pueden componer el quinto secreto de los padres eficaces. En muchos matrimonios el marido y padre está más enamorado de sus hijos que de su esposa. Mi amigo Tom pasó muy bien por el divorcio que inició. El juez se impresionó con sus argumentos para la custodia y, aunque no le dio los niños a Tom, comentó qué buen padre parecía ser. Desde que quedó divorciado Tom no ha dejado de pagar la manutención de los niños. Hace amplio uso de sus derechos de verlos y sigue metido en las vidas de sus niños asistiendo a las reuniones de padres y profesores de la escuela y dando vivas por ellos en los partidos de fútbol en que juegan. Nadie puede acusar a Tom de no amar a sus hijos.

Tampoco nadie puede acusar a Jeff de no amar a sus hijos. Jeff sigue casado con Kristi pero sólo "por el bien de los niños". El juega apasionadamente con los niños en el patio pero no lleva la misma pasión al dormitorio.

Estos hombres aman a sus hijos. No cabe duda. Pero les he preguntado a los dos: "¿Qué pasaría si te digo que una de las mejores maneras de amar a tus hijos es amar a su madre? ¿Amarías bastante a tus hijos para decirle a tu esposa 'te amo'?"

En primer lugar, debemos ser apasionados con la que nos da la oportunidad de ser padres.

Esposos amen a la madre de sus hijos.

Ocho

SECRETO 6: Escuchar activamente

El evangelista Luis Palau vino a Manhattan, Kansas, en 1987, para realizar una campaña evangelizadora de una semana. "Esperanza para el corazón de la tierra" la tituló.

Luis contó que acababa de terminar un viaje alrededor del mundo durante el cual se las arregló para visitar en dos meses todos los continentes, salvo la Antártida y Australia. Antes de irse había pedido a Dios que le diera un retrato mental de cada continente que le diera conocimiento penetrante de lo que estaba pasando espiritualmente en esos lugares. Luis describió esas imágenes.

Europa, dijo, le impresionó como una bella mujer vestida con sus mejores galas, pero cuando la ves a ella, está yaciendo en una alcantarilla de pobreza y degradación. Ella tiene las riquezas del cristianismo y, sin embargo, sigue muerta de hambre. África vino a la mente de Luis como un fuego ardiente, furiosamente llameante. El evangelio estaba diseminándose milagrosamente por todo el continente, pero también brotan las sectas entre las llamas.

Luis recordó Asia como una joven virgen que espera ser cortejada. Estaba lista para irse con cualquiera que le prestara atención.

Cuando Luis pensó en la Unión Soviética y el bloque oriental, la imagen que vino a su mente fue la de una habitación de motel, cerrada por dentro con cerrojo. La puerta estaba apenas abierta, pasada la cadena del cerrojo, y había ojos que atisbaban, queriendo saber más de lo que pasaba afuera.

Finalmente dijo que América del Sur se le apareció como un huérfano, medio desnudo, vagabundeando hambriento por las calles, pidiendo que alguien lo alimente.

Los cuadros fueron vívidos y significativos.

Después, pude encontrarme con Luis en su habitación del motel. Le pregunté si se le había ocurrido una imagen de los Estados Unidos.

"Oh, sí", dijo. Cerró sus ojos tratando de recapitular el retrato. "Los Estados Unidos son como un hombre parado en la esquina de una concurrida calle de una gran ciudad. Los automóviles pasan zumbando, las bocinas resuenan, la gente habla y el semáforo acaba de cambiar de 'No Cruce' a 'Cruce'. Pero el hombre no se mueve. Está confundido por todo el ruido. Parece que no oye lo que debe oír".

He pensado a menudo en este encuentro con Luis Palau. He pensado que, en lugar de viajar por los continentes, yo podría llevarlo a caminar por mi barrio.

"Pienso, Luis", le diría, señalando a una gran casa de dos pisos, "que esta es una casa europea. Los padres traen al hogar dos ingresos bastante grandes pero sus tres hijos están hambrientos del tiempo y afecto de ellos.

"Allá, esa estilo rancho de ladrillos es, para mí, una casa soviética. En efecto, mira, ves esa carita que atisba a través de las cortinas. Hay mucho dolor, mucha disfunción en esa casa. Los chicos se preguntan, cómo es la vida en una casa normal".

Luis y yo daríamos la vuelta a la cuadra, y yo señalaría casas asiáticas y sudamericanas. Al final de nuestro viaje, le diría: "Ves Luis, un mundo entero de familias en este radio de sólo una cuadra".

Sin embargo, tengo la sensación de que Luis Palau se volvería hacia mí en ese momento y diría: "Quizás, pero

ESCUCHAR ACTIVAMENTE

Los padres eficaces mostraron marcas más altas en la interacción verbal con sus hijos por darles plena atención cuando éstos les estaban hablando. Esta escala también incluía aspectos como: permitir a los niños discrepar, y no enojarse; crear una atmósfera de interés y aceptación que animara a los niños a expresar sus ideas; y escuchar atentamente cuando ellos hablaran de lo que les interesa.

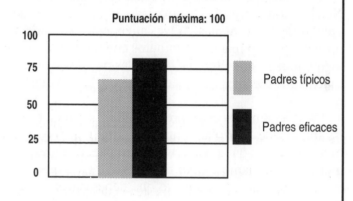

Puntuación máxima: 100

Padres típicos

Padres eficaces

Los padres eficaces alcanzaron una marca de 82% del total de puntos, mientras que los padres típicos llegaron a 68%.

estos son los Estados Unidos. Y estas son casas estadounidenses. Sigo viendo el mismo cuadro: los hombres parados en sus salas como transeúntes en la esquina de una calle. Están rodeados de ruido —algo de su propia fabricación— y les cuesta distinguir las vocecitas de sus hijos. No pueden oír. No escuchan lo que tienen que oír".

Encontrando sentido en la confusión

Nuestros hogares pueden ser lugares muy ruidosos. El televisor suena fuerte. La lavadora suena como matraca y golpetea. El horno a microondas silba. Los niños, con todas sus actividades, entran corriendo por la sala y salen por la puerta. Pero hay otro ruido. Es el talonario de cheques que, pese a que lo metimos en el maletín o lo pusimos en la gaveta, sigue arreglándoselas para vocear sus exigencias: "Tienes que pagar las cuentas. Tienes que pagar las cuentas". Nuestro trabajo está del otro lado y golpea incesante los vidrios de las ventanas: "Oye, atiéndeme. Atiéndeme". El reloj del pasillo marca los minutos con un tic tac suficientemente fuerte para retumbar contra las paredes y recordarnos todo lo que tenemos que hacer y el poco tiempo que tenemos para hacerlo.

Y agregamos nuestro propio ruido. La única forma, nos figuramos, de controlar el ruido es gritar más fuerte para ser escuchado. Así que ponemos nuestro par de centavos: "¡Hagan esto!" Aullamos. "¡No hagan eso!", gritamos. "Cuando yo tenía tu edad..." "Sabes lo que debes hacer..." "Déjame advertirte..."

Un hogar puede ser un lugar ruidoso. Y eso es desafortunado.

Es desafortunado porque bajo y tras todo el ruido hay algunos susurros suavemente emitidos que deben oírse. Estos son las vocecitas que, ocasionalmente, corren precipitadamente como ratones invisibles de las tablas del piso. Ellos silabean calladamente: "Por favor, escúchame. Tengo algo importante que decir", pero a menudo, pasan inadvertidos en medio de la cacofonía. Estas son las vocecitas de tus hijos.

Ahora bien, puedes pensar que tus hijos son cualquier cosa menos que hablen despacio. Es hora de la comida y le digo a Joel que vaya a buscar a sus dos hermanas, que están en el sótano. Joel da dos pasos hacia la escalera: "¡Hannah! ¡Sarah!", vocifera. "Hora de comer".

"Yo podría haber hecho eso", digo.

Y Micah no es particularmente silencioso. "Yo estuve una vez en el hospital", me dice.

"Lo sé, Micah. Yo estuve allí contigo".

"Mi pierna se quebró en dos partes".

"Sí, me acuerdo".

"El doctor me puso una máscara sobre la cara".

Me ha contado eso cientos de veces.

Nuestros hijos pueden no parecer callados pero las vocecitas de que hablo no salen de sus laringes. Estos susurros particulares empiezan más adentro —del corazón—. En cientos de modos diferentes nuestros hijos tratan de comunicarnos quiénes son, qué sienten, qué temen, a quién aman, cómo piensan, qué esperan, por qué lloran, cuándo ríen, dónde les duele.

Estas son cosas íntimas y, como todo lo íntimo, rara vez se gritan. Más a menudo esta información se susurra, con la boca cerca de la oreja. Y es susurrada para ti, el padre, porque eres el hombre más importante del mundo. Tus hijos quieren que tú sepas quiénes son, para que puedas aceptarlos plenamente. Tus hijos quieren contarte dónde les duele, para que tú puedas arreglarlo.

Es hora de confesión. (Quizás por esto este capítulo está oculto al final del libro). Tengo problemas para escuchar activamente a mis hijos. Con cinco hijos y sus amigos corriendo por la casa, uno de mis comentarios preferidos es: "Quedémonos tranquilos por un momento". Me gusta una casa tranquila.

Un amigo mío ha dicho erróneamente a sus hijos que estén callados permanentemente. "Los niños son para verlos y no oírlos", cita él. Jon ha creído erróneamente que el silencio es una señal de ser espiritual. Pero si obliga a sus hijos a callarse por los próximos quince años, esos niños no sabrán cómo hablar, ni decir cómo ser oídos por su padre.

Muy a menudo las vocecitas importantes de nuestros hijos se pierden tras el ruido adulto. Pero hay mucho que podemos hacer para bajar los decibeles. Por ejemplo, podemos apagar el televisor y guardar las distracciones. Más importante, podemos entrenarnos para ser lentos para hablar y rápidos para oír. Podemos dejar nuestras disertaciones para otro día y dejar que, en cambio, hablen nuestros hijos. Algo del ruido parecerá fuera de nuestro control —el rezongar del talonario de cheques en el maletín, nuestros trabajos golpeando la ventana—. Pero aun así, podemos aprender a filtrar el ruido y concentrar nuestra atención en aquellos momentos en que debemos oír especialmente a nuestros hijos.

Los padres eficaces han aprendido la disciplina de escuchar activamente a sus hijos. Es el sexto secreto de los padres eficaces.

Escuchar selectivamente

A menudo acusamos a nuestros hijos de escuchar selectivamente. He oído una cínica teoría que dice que cuando un padre empieza a dar órdenes, la voz adulta parece cambiarse a una frecuencia que los perros pueden oír, pero no los niños.

Sarah corre a la puerta. Le grito de atrás: "No des un portazo".

¡Bam!

Me siento con Joel. "Joel, creo que te dije que no tienes permiso para salir hasta que no hayas terminado tu tarea".

"Lo lamento, papá", dice. "Creí que estabas hablando a Hannah".

"¿Hannah? Te estoy mirando a ti y he dicho tu nombre".

"Lo siento. Creo que no te oí".

Me gustaría comprender más esta escucha selectiva de mis hijos pero temo que es demasiado fácil para mí ser el culpable del mismo rasgo. Hay tantos ruidos en torno a un padre: presiones y exigencias, horarios y listas de cosas que hacer. A veces, estos ruidos parecen ir *in crescendo* y ahogan todo lo demás pero el hecho es que, en cualquier momento, nosotros *optamos* por lo que queremos atender.

Deja este libro un momento y escucha los sonidos a tu alrededor.

¿Qué oíste? ¿Zumbaba la luz fluorescente? ¿Había una mosca zumbando en la ventana? ¿Había tránsito en la calle?

HABILIDADES DE ESCUCHAR ACTIVAMENTE

Enfrenta abiertamente a tu hijo. Esta es una postura elemental de participación. Suele decir: "Estoy disponible para ti; prefiero estar contigo".

Adopta una postura abierta. Los brazos y piernas cruzados pueden ser señales de disponibilidad o participación disminuidas, mientras que una postura abierta puede ser señal de que estás ahí para tu hijo y para lo que tenga que decir.

Ponte al nivel del niño, agachándote, y si puedes, inclinándote a él. Esto comunica: "Estoy contigo; quiero saber más de ti".

Mira a los ojos en forma sostenida. Esto incomoda a muchas personas de nuestra sociedad, pero ¿has tratado alguna vez de conversar con alguien que parece estar mirando a todo lo que hay en el lugar excepto a ti? Si es así, sabes cómo se siente cuando alguien parece renuente a involucrarse en tu conversación. No dejes que tu hijo sienta esto de ti.

Permanece relajado mientras escuchas. Si te agitas nerviosamente mientras tu hijo te habla, se preguntará qué te pone así y puede sentir que tú preferirías estar en otra parte.

Aprende a leer la conducta no verbal de tu hijo. Observa su postura, sus movimientos corporales y los gestos; fíjate cuando frunce el ceño, en sus sonrisas, levantadas de cejas, labios torcidos y cosas así; escucha la calidad de su voz, el tono, la intensidad, los énfasis, las pausas y las inflexiones. Muy a menudo la forma en que tu hijo dice algo, te dirá más de lo que está diciendo.

Dale a tu hijo información no verbal meneando la cabeza, haciendo que tus ojos se iluminen o levantando las cejas. Estas pequeñas señales reafirmarán que escuchas participando y puedes animar a tu hijo a seguir explicando sus sentimientos con mayor detalle.

Responde a tu hijo volviendo a decir con tus propias palabras lo que te haya dicho. Esto no sólo mostrará al niño que, sin duda, estás entendiendo lo que dice; también le dará la oportunidad de decir: "Sí, eso es exactamente" o "No, lo que quiero en realidad decir es..." Casi siempre conducirá a una comunicación más exitosa.

La meta de escuchar es entender.

Adaptado de Gerard Egan, The Skilled Helper (Monterey, CA: Brooks/Cole Publishing CO., 1986), 72-81.

Todos esos ruidos estaban ocurriendo aun antes que te detuvieras a escucharlos. Si no los notaste antes fue porque tú *preferiste* concentrar tu atención en las palabras de esta página.

En cualquier momento podemos optar por escuchar a nuestros hijos. Desafortunadamente, como padres no lo hacemos muy a menudo. Piensa en los típicos retratos del padre que hace la prensa. Papá está en la mesa del desayuno, escondido detrás de la sección financiera del periódico, viéndose sólo la parte ligeramente calva de su cabeza. Los niños bajan y empiezan a pelear por la leche y el cereal.

"Papá, Scott no quiere darme la leche".

Una voz sale detrás del periódico: "Scott, escucha a tu hermana".

"Papá, hoy son las pruebas para porristas y creo que tengo buenas de posibilidades de formar parte del grupo".

"Hmm, que bien", dice la voz.

Los niños se miran unos a otros. El adolescente se aventura con una sonrisa torcida: "Oye, papá, asalté tres tiendas y creo que hoy puedo asaltar una cuarta camino de la escuela".

"Qué bueno para ti hijo", dice la voz.

Aunque los papás de la televisión son más atentos, no escuchan necesariamente en forma más efectiva. La marca de fábrica del padre sensible se ha trocado en la conferencia sabia y atenta. Hugh Beaumont se sienta al borde de la cama de su hijo y le dice a Wally por qué no debe pegarle a Beaver. Robert Young reúne a su clan y demuestra que el papá sabe más dispensando gemas de sabiduría, conceptos que aclaran las situaciones y desactiva la crisis. Bill Cosby lleva a uno de los chicos Huxtable a la cocina y, con una botella de jugo de manzanas, dice al niño cómo son las cosas.

Ahora bien, ciertamente hay lugar para una disertación oportuna. Los padres que hablan con sabiduría a sus hijos están cumpliendo fielmente su papel de educador de los niños preparándolos para el mundo. El problema es que dejamos que la disertación sea nuestro recurso habitual. Es a lo que todos aspiramos: ese discurso erudito y muy elocuente que comunica nuestro profundo amor por nuestros hijos y, al mismo tiempo, les enseña los secretos de vivir la vida ante Dios. Nuestros hijos gimen: "Sí, sabio, tienes razón. Entendemos". Nuestras esposas nos sonríen alegremente. Concienzudamente meneamos nuestra cabeza. ¡Hemos llegado al pináculo de la paternidad!

Pero esto no es lo que hacen los padres eficaces. Seguro, se sabe que han dado una o dos conferencias en su vida. Más a menudo, sencillamente escuchan. Aun cuando dan la disertación, han escuchado primero y lo que han escuchado les indica qué decir.

Los padres deben aprender a escuchar. Los niños deben ser oídos. Y los niños reaccionan a la atención. El Centro Nacional de la Paternidad auspicia competencias de composiciones. Los niños pueden escribir sobre casi todo, pero a menudo escriben sobre sus padres que escuchan:

"Mi padre es la persona que estará ahí si necesitas un hombro en qué apoyarte... la persona que escucha lo que alguien tiene que decir sobre los problemas familiares." (Joey, cuarto grado.)

"El siempre escucha mi versión de lo que pasó". (Tasha, cuarto grado)

"El siempre está ahí cuando lo necesito. Puedo hablar con él de las cosas que pasan en mi vida." (Ruth, sexto grado)

"Este año tuve un problema con mis rodillas. Mi papá ha sido muy comprensivo y dispuesto a escuchar. Me ha ayudado a darme cuenta de que si no puedo hacer deportes, aún puedo pasarlo bien." (Jason, sexto grado)

"Desde que mi papá compró un perro pastor alemán de pura raza, nos da la posibilidad de estar solos en el automóvil yendo a los campeonatos de perros. Compartimos nuestros pensamientos sobre lo que sentimos de las cosas. Mi papá es más que un amigo." (Timothy, sexto grado)

"Él es el tipo de persona a quien puedes hablar de la escuela, otros muchachos o de amigas." (Scott, séptimo grado)

En cambio recibimos esta descripción de un seminarista de Minnesota:

"A veces es como si él tuviera boca pero sin orejas: mucha charla de sus intereses y actividades pero poco, si es que hay algo, de preguntas sobre lo mío."

Si quieres ganarte a tus hijos ¡escucha! Lo que hace tan importante el escuchar es que nos ayuda en todas nuestras otras responsabilidades de padre. Es una disciplina fundamental para las actividades paternales.

Permíteme señalar varias actividades de los padres y cómo resulta crucial para cada una escuchar:

Mostrar cariño. Muchos padres muestran cariño a sus hijos. Los abrazan y a menudo dicen "te quiero". Pero lo que distingue a los padres eficaces de todos los otros papás es que su forma de escuchar se vuelve una señal de afecto.

Escuchar a tus hijos con diligencia les comunica que los consideras lo bastante especiales para merecer tu atención total. Estás expresándoles que son dignos de ser conocidos y entendidos.

En el libro *What Kids Need Most in a Dad*, (Lo que más necesita un niño en un padre) de Tim Hansel, el cita al psicólogo y teólogo Paul Tournier:

Es imposible destacar lo suficiente la inmensa necesidad que tienen los seres humanos de ser escuchados realmente, de ser tomados en serio, de ser entendidos. Nadie puede desarrollarse libremente en este mundo y encontrar que la vida es plena sin sentirse entendido por lo menos por una persona.[1]

Rose es una mujer de edad a quien he estado atendiendo en el transcurso de los años. Tiene noventa y tres años. Cada semana cuando voy al hogar de ancianos donde vive, insiste en contarme su repertorio de historias. Las historias no son nuevas; en realidad, la mayoría de ellas son cosas que pasaron hace cuarenta o cincuenta años. Las he oído cientos de veces. Pero una vez, cuando ella me estaba contando sus cosas, me di cuenta de algo en la forma en que me miraba. Puedo decir que ya no estaba pensando para nada en la historia sino que estaba viendo si yo seguía escuchándola. Sólo puedo imaginar lo que estaba pensando muy para sus adentros: *Ken, sé que estoy vieja y sé que he contado estas historias tantas veces que empiezo a mezclar sus detalles. Pero si escuchas atentamente, te dirán quién soy. Son todo lo que tengo ¿tengo también tu amor? ¿Me amarás lo bastante para escucharme aunque caiga en un parloteo incoherente?*

Mucho de lo que nuestros hijos nos dicen puede parecer de poca importancia. Cuando ellos empiezan a hablar de cómo ven el mundo, sus pensamientos parecen irremediablemente inexactos y pueden parecer tontos o superficiales o hasta... bueno, infantiles. Pero muchas veces el valor no está en lo que dicen sino en *decirlo*. El niño es escuchado y sabe que es amado.

Si aún no has adivinado, Micah es el cuentista de nuestra familia. Cuando volvemos a casa de ver una película, Micah se sienta feliz en la parte trasera del vehículo (así todos le oímos) y cuenta de nuevo toda la trama, aunque todos estuviéramos en el teatro con él hace unos minutos. Al día siguiente tenemos otra recapitulación: "Papá, ¿no fue grande eso del automóvil que chocó a ese camión y todos esos pollos volando por todos lados".

Hay ciertas cosas de Micah que yo puedo conocer hasta por esas monótonas repeticiones, pero por ahora, lo que quiero señalar es que no importa qué diga: Micah se complace con que yo lo escuche.

Cuando escuchas dices te amo sin siquiera decir una palabra.

Conociendo a tu hijo. Ya hemos hablado de que uno de los siete secretos de los padres eficaces es tener conciencia de la manera específica en que nuestros hijos se están desarrollando. Un padre eficaz conoce a sus hijos: quiénes son,

163

cuáles son sus puntos fuertes y los débiles, cuáles son sus dones y talentos, qué los motiva o descorazona.

¿Cómo recopilas esta información? Oyendo. Sencillamente los miras a los ojos y dices a tu manera "cuéntame de ti", y luego te sientas y asimilas todo.

Si un padre participa en las vidas de sus hijos y les escucha con regularidad, habrá momentos en que la información estará a la vista

"Papá, estoy realmente confundida", puede decirte tu hija cuando van solos en el automóvil. Ella puede revelarte lo que ha sido una de sus grandes decepciones. Lo que conoces de tu hija puede dar un salto cuántico en una conversación de un cuarto de hora. De igual forma, tu hijo puede acercarse a ti y preguntarte: "Papá, ¿podemos hablar?" Algo le pasó a su cuerpo la noche pasada mientras dormía y está un poco turbado. Lo escuchas y te enteras de la rapidez con que tu hijo se está volviendo hombre. Estos momentos son esos momentos especiales a que se referirá tu hijo después cuando vengan a visitarte y diga: "Papá, ¿te acuerdas de esas conversaciones que solíamos tener? En realidad esa pregunta probablemente lleve a otra de esos especiales momentos íntimos de hablar y escuchar.

Pero tenemos que entender que estos momentos abiertos y sinceros nunca ocurrirán si el padre no demuestra que escucha durante los otros momentos, donde lo único que parece estar pasando es un poco de charla tediosa. El niño que haya podido compartir con su padre las cosas pequeñas abiertamente, estará más dispuesto a compartir las cosas grandes con él.

A veces aprendemos sólo ese tanto, si no más, durante los momentos informales. Luego de darme cuenta de cuánto deseaba Rose, mi amiga de noventa y tres años, que yo la escuchara, empecé a escuchar sus historias con más atención. En lugar de interrumpirla para recordarle los detalles como había hecho antes, la dejaba hablar. Supe que los detalles que yo creía ella confundía eran realmente detalles *nuevos* o énfasis nuevos. Ella estaba revelando nueva información, matices de quién era y de lo que le era importante.

Cuando tienes noventa y tres años, las partes de tu vida que falta pintar son rara vez pintadas con grandes pinceladas. Más a menudo requieren un sombreado sutil y gradual que las ilumine, un toque de detalles. Sólo el que escucha con entrega puede captar la belleza plena de esa vida.

Nuestros hijos tendrán sus grandes pinceladas pero mucho de lo que revelan de sí mismos, vendrá callada y sutilmente de manera insospechada en momentos insospechados.

Motivación. El escuchar atentamente suele estar, estadísticamente, ligado a la motivación. Cuando llega un cuestionario de una investigación al Centro Nacional y veo que el hombre tiene una puntuación alta en escuchar, suelo hallar que tiene también una puntuación alta de motivación. Si su puntuación en escuchar es baja, así es su puntuación en motivación; tiene una alta correlación.

Nuestra investigación ha examinado también a los hombres que decían estar muy satisfechos con su paternidad. Nos pusimos a detectar la cualidad o habilidad que se conectara más directamente a la satisfacción de ser padre. En otras palabras, queríamos saber cuál era el rasgo que acompañaba más frecuentemente a la satisfacción paternal. Esto fue interesante: el rasgo con mayor correlación a la satisfacción de ser padre es la interacción verbal. El padre que habla con sus hijos y los escucha, obtiene una satisfacción mayor como papá.

¿Qué hay en esto de escuchar que alimente nuestra motivación de padre? Una razón puede ser que nos permite experimentar el más puro gozo de estar en una relación de intimidad. Tenemos que relacionarnos con otro ser humano que sea importante para nosotros. Otra razón puede ser el honor que sentimos al ser considerados como confidente. Si nuestros hijos se sienten amados porque los escuchamos, nosotros nos sentimos amados porque ellos confían bastante en nosotros para compartir sus pensamientos y emociones profundas.

Escuchar activamente también realza nuestra motivación porque nos protege de esa sensación espantosa de que nuestros hijos estén ocultando secretos tenebrosos y profundos que pueden surgir en cualquier momento. Los padres que no escuchan tienen buenas razones para abrigar ese miedo. ¿Cuántas veces se repite la escena en que el niño revela una crisis inesperada? "¿Por qué no nos dijiste esto antes, cuando aún era tiempo de hacer algo al respecto?", pregunta el enojado padre.

"Traté", dice llorando, la niña, "pero tú no estabas escuchando".

El escuchar activamente obra por nuestra motivación, ayudándonos a aliviarnos de uno de nuestros mayores miedos: que como padres tengamos que tener todas las respuestas. Tú y yo sabemos que no sabemos todo. A menudo nos sentimos inadecuados para la tarea de ser padre. Puede que parezca irónico decir que el escuchar puede aliviar esta presión. Después de todo, nuestra tendencia es pensar que lo que ignoramos no nos herirá o que si no preguntamos por los problemas de nuestros hijos, ellos no nos pedirán que los resolvamos. De todos modos con mayor frecuencia que no, nuestros hijos tampoco buscan respuestas. Ellos buscan una oportunidad de expresarse, un oído atento, un voto de confianza, una señal de nuestro amor. A veces hallan sus propias respuestas pero, no lo harían tan bien si no nos hubieran usado como tornavoz. Los padres que están en el circuito de las disertaciones, comparados con los del circuito de escuchar, suelen andar muy presionados. Ellos tienen apuntado contra ellos el revólver de decir cosas sabias y memorables. Pero aunque hablen, no tienen la certeza de ser oídos porque nunca se detienen lo suficiente para escuchar una respuesta a las preguntas: "¿Entendiste?" o "¿Te parece que esto se relacione con lo que te está pasando?"

Apaga el ruido

Quizás hayas notado que uso la expresión *escuchar activamente*. Lo hago porque es más efectiva que la acción pasiva. Tú procuras activamente entender lo que estén pensando o sintiendo tus hijos. A veces, eso significa que te levantes de tu sillón y apagues el televisor. Otras, hasta hablas en la situación de escuchar, sea para preguntar o aclarar o repetir algo a tu hijo a fin de asegurarte de que ambos estén en la misma longitud de onda.

Escuchar sea lo que fuere, ciertamente, es más que dejar que las ondas sonoras reboten en tus oídos. El psiquiatra infantil Ross Campbell, en su libro *How to Really Love Your Child* (Cómo amar realmente a tu hijo) la designa como "atención enfocada", y escribe:

> *¿Qué es la atención enfocada? La atención enfocada es dar al niño toda nuestra atención en forma tal que sienta que indudablemente es amado por completo; que es suficientemente valioso para garantizarse, por derecho propio, la vigilancia, el aprecio y la consideración incondicionales de padre y madre.*

Campbell prosigue diciendo que la atención enfocada "es tan vital para el desarrollo de la autoestima del niño que afecta profundamente la habilidad del niño para relacionarse y amar a los demás.[2]

Las grandes empresas pagan anualmente mucho dinero para entrenar a sus empleados clave en materia de habilidades para escuchar. Escuchar se traduce en eficiencia, productividad y buenas relaciones laborales. También libera las habilidades de todos los empleados para aportar a la solución creativa de cualquier problema que pueda tener la empresa. Con la excepción del sordo congénito, todos somos oidores innatos pero no somos escuchadores innatos. Escuchar es una disciplina que podemos aprender. En la cual podemos llegar a ser más eficientes. Los padres eficaces son maestros artesanos del escuchar. Nosotros podemos llegar a ser lo mismo.

Si alguna vez tienes la oportunidad de participar en un seminario sobre habilidades para escuchar, te exhorto a que te des la oportunidad. Nos enseñan cómo hablar y escribir pero rara vez nos dan alguna ayuda para escuchar. Sin embargo, aquí hay unos cuantos principios básicos de escuchar que pueden ser fácilmente captados. Quizás podamos resumirlos todos en un axioma breve:

¡Apaga el ruido!

Si quieres escuchar lo que están diciendo tus hijos, entonces debes callarte lo bastante como para oírlos. Algo de este ruido ensordecedor está en nuestro entorno; una buena parte está en nuestras propias cabezas. Tenemos que apagarlos a ambos si queremos dar a nuestros niños toda nuestra atención.

Apaga el ruido eliminando las distracciones físicas. Cuando tratas de escuchar a alguien, tienes que poder hacer dos cosas: número uno, realmente *oír* las palabras que están diciendo; y, número dos, *concentrarte* en esas palabras. Por consecuencia, cuando tus hijos se te acercan con algo que decir, sólo resulta sensato pararse y apagar el televisor, el compresor de aire o lo que esté haciendo ruido en el lugar. Eliminar nuestras distracciones también significa dejar de lado la revista que estabas leyendo o el proyecto en que estabas trabajando. Estás libre para escuchar.

Si yo te preguntara: "¿Qué te importa más: ese programa de televisión que estás mirando o tus hijos?", tu respuesta sería rápida y segura: "Mis hijos". Cuando estás hablando con uno de tus hijos pero tu atención sigue dirigida al cambio de avisos comerciales del televisor, no se trata de que reveles así tus prioridades *verdaderas*; más bien, estás sucumbiendo a que no podemos evitar sino distraernos cuando surgen distracciones. En lo que a esto toca, todo el propósito de la programación televisada (comerciales incluidos) es interrumpir nuestras vidas normales y captar nuestra atención *byte* sonoro por *byte* sonoro. Sin embargo, nuestros hijos interpretan un mensaje diferente. Ellos observan que nuestros ojos vuelven a la pantalla, nos oyen preguntar "¿Qué dijiste?", y concluyen, por errados que estén, que no nos importan tanto como esa persona que, en el televisor, está tratando de vendernos un Chrysler Cordoba.

Eliminar las distracciones físicas no sólo nos sirve para escuchar sino para animar a nuestros hijos a hablar. Ellos también pueden distraerse fácilmente y perder el hilo de sus pensamientos. Si tienen algo importante que compartir, no necesitan agregar la frustración de ir a empujones al tratar de comunicarlo.

Apagar el ruido es especialmente importante en situaciones específicas de escuchar. Aquellos momentos en que tu hija viene a ti diciendo: "Papá, ¿podemos conversar?" Tienes que decir: "Sí. Déjame apagar el televisor". Pero apagar el ruido también es sensato en términos *generales*. Sea cual fuere el valor de provecho que tuviere la televisión, sigue siendo un medio que no es interactivo. En otras palabras, siempre habla, nunca escucha y nunca anima a hablar a quienes la escuchan. Elimina del hogar el arte vivo de la conversación. Puede que estés dispuesto a apagar el televisor cada vez que tus hijos se te acerquen pero, ellos pueden no querer acercarse a ti si el televisor está prendido. El silencio anima la conversación.

Apaga el ruido bloqueando la exigente voz de tu horario. Escuchar activamente requiere tiempo. La atención enfocada significa estar dispuesto a escuchar *todo* lo que tus hijos quieran decir. Alguna vez te has acercado a alguien sólo para oírles decir: "Bien, pero habla poco. Tengo que estar en otra parte en diez minutos". Empiezas a resumir lo que deseabas decir, pero poco después empiezas a odiarte por disminuir la importancia que algo tiene para ti. Mientras tanto, quien te oye mira sin gran disimulo su reloj. Después de un momento, te cierras sabiendo que todo lo que obtendrás al final de la conversación es "Bueno, eso es demasiado malo. Lo lamento por ti. Tengo que irme". Y se van y se llevan tu dignidad con ellos.

Escuchar activamente comprende el regalo de tu tiempo que comunica amor y respeto. El tiempo generoso también te ayuda a ti, el que escucha. Puedes concentrarte en lo que se dice sin desviarte a pensar que se te hace tarde para algo y en lo que debe hacerse. Sí, es cierto que hay ocasiones en que puede ser muy inoportuno escuchar. Tendrás que decidir entre la prioridad del súbito pedido de tus hijos para una audiencia y la prioridad de un compromiso anterior. Esas son cosas difíciles. Cuando tienes que dejar una conversación antes que empiece, comunica tu amor y respeto y deseo de escuchar en lugar de decirle a la ligera a tu hijo: "Dímelo en otro momento, ¿sí?" Puedes decir a tu hijo: "En realidad quiero oír lo que tienes que decirme; me importa tanto que quiero asegurarme de que tengas bastante tiempo para decir lo que tienes que decir y que tengas toda la atención. Eso es imposible en este momento, pero programemos salir juntos a comer un postre después de cenar a la noche. Solos los dos. ¿Puedes esperar todo eso? Grandioso. Ahora bien, no olvides lo que ibas a decirme. Quiero oírlo todo".

La dinámica de escuchar activamente es otro argumento en pro de la superioridad de "la cantidad de tiempo" respecto de "la calidad del tiempo". Hay ciertos momentos en que el niño necesita o quiere hablar. Si estás pasando una buena cantidad de tiempo con tus hijos es más probable que estés a disposición cuando surjan esos momentos. También es más probable que las conversaciones se planteen cuando el padre y el hijo están sencillamente juntos por ahí. Cuesta mucho hablar con el corazón cuando estás haciendo fila en la Montaña Mágica de Disneylandia, compartiendo tiempo de buena calidad.

Apaga el ruido haciendo oídos sordos a tus propias percepciones prejuiciosas. El propósito de escuchar activamente es entender. El análisis crítico puede venir después. La conferencia sabia puede seguir. Por ahora, sencillamente escucha y procura entender.

Hay una diferencia importante entre la *simpatía* y la *empatía*. La simpatía dice: "Oh, yo siento lo mismo que tú." La empatía dice "entiendo cómo te sientes". Nuestros hijos acudirán a nosotros ocasionalmente con cosas que nos dolerán y hasta nos enojarán. Lo que nos digan ocasionalmente es algo tan echado a perder o tan inequívocamente erróneo que nos preguntamos cómo este hijo pudo haber salido de nuestras entrañas. Algunos padres no permiten libertad de expresión a sus hijos porque sienten que hacer eso indicaría simpatía o acuerdo con esos malos pensamientos o sentimientos. Pero no estamos llamados a simpatizar cuando escuchamos; estamos llamados a empatizar. No tienes que estar de acuerdo con la forma desorientada de pensar de tu hijo o su pecado, pero debes procurar respetarlo tratando de entender lo que está viviendo.

Que mande la paciencia. Resulta interesante que Santiago escriba en la Biblia: Todo hombre sea *pronto para oír*, tardo para hablar, tardo para airarse (1:19, énfasis añadido).

Santiago reconoce que algunos discursos nos enojarán y que contener la ira es importante.

El propósito de escuchar activamente es lograr entender lo que están pensando o sintiendo tus hijos. Una de las mejores maneras para ser un escuchador *activo* es formular preguntas pensadas y abiertas. Plantea preguntas para obtener más información. No preguntes para empezar un interrogatorio riguroso y comenzar a respaldar tu postura. La meta es la empatía. Una de las mejores preguntas que puedes hacer es: "¿Cómo te hace sentirte eso?"

Apaga el ruido sin preparar y ensayar tu discurso mientras habla tu hijo. Tú conoces todos esos discursos que nosotros los padres empezamos diciendo :"cuando yo tenía tu edad..." Es importante dejarlos de lado por el momento y permitir que nuestros hijos nos digan cómo son las cosas cuando *ellos* tienen la edad que tienen. Algunas cosas del crecimiento nunca cambian y puedes transferir fácilmente tu experiencia y sabiduría a la situación, pero lo que *siempre* es diferente es que se trata de un ser humano diferente que vive esas situaciones. Tu meta de escuchador activo es captar la situación y también empezar a formarte una opinión de lo que debiera hacerse pero, tu primera meta es entender cómo *percibe* tu hijo la situación. Dado que tu hijo es un ser humano único, esa percepción será diferente de la tuya: especialmente si es de tu hija. Tienes que escuchar para captarla.

Hay una tendencia documentada de algunos terapeutas profesionales a comenzar la evaluación y disección antes que el cliente termine de expresarse. Si el padre puede evitar esta trampa, puede llegar a tener empatía para sus hijos. Si formulas declaraciones durante las partes cruciales de una conversación, que sean declaraciones de "reacción", esto prueba que estás entendiendo verdaderamente lo que tu hijo trata de decir. Interrumpe ocasionalmente su conversación diciendo: "Bueno, veamos si entiendo lo que quieres decir", entonces repite lo que tu hijo acaba de decirte pero con tus propias palabras. A esa altura tu hijo puede decir: "No, no es todo lo que quiero decir" y seguir explicándose o puede decir "sí, lo captaste" y seguir con la confianza de que está comunicándose verdaderamente y de que tú estás escuchando con amor.

Si vuelas a menudo, sabes que que cuando hay niebla es muy peligroso. Cuando la niebla cubre una ciudad y el aeropuerto, con toda facilidad puede cerrar el aeropuerto por horas. Los aviones vuelven a subir y andan dando vueltas. Los pasajeros detenidos rezongan en las salas del aeropuerto. Los hogares estadounidenses están similarmente cubiertos por la densidad de las exigencias y las distracciones. Cuando el padre falla y no escucha a sus hijos puede cerrar su relación con ellos en forma indefinida. Puede haber choques. Pero cuando el padre escucha, puede tener una visión más clara de sus hijos y conducirlos a aterrizajes seguros.

Nueve

SECRETO 7: Equipamiento espiritual

Cynthia Clark realizó en 1988 una investigación de las familias en que padre y madre estaban dedicados a transmitir sus creencias religiosas a sus hijos. Como foco de su estudio ella separó a los hijos varones primogénitos en la temprana adolescencia para evaluar en qué forma cada progenitor había influido sus creencias religiosas. Clark halló que las madres influyeron la aplicación práctica de la religión en sus hijos varones: los momentos cotidianos en que la fe toca a la vida. ¿Cual fue la influencia de los padres de este estudio? La asistencia a la iglesia.[1] La consecuencia se refiere a que los padres se concentran en la zona cómoda de ellos: la actividad religiosa externa, descuidando quizás por sentirse inadecuados, los aspectos prácticos de la entrega espiritual profunda de cada día.

He aquí el séptimo secreto de los padres eficaces: entienden los aspectos espirituales de las vidas de sus hijos y obran para ayudar a que sus niños descubran su propia relación con Dios.

Insuficiencia espiritual

En realidad es comprensible que muchos padres se sientan ineptos en materia espiritual. Estamos rodeados por muchas otras personas que parecen mucho mejor preparadas que nosotros para fomentar el crecimiento de nuestros hijos.

Está el pastor. Él tuvo preparación en el seminario. También parece que se aprendió de memoria toda la Biblia. Si uno de nuestros hijos tuviera que preguntarle algo, él contestaría: "Oh, sí, eso a que te refieres puede hallarse justo aquí", y entonces, buscaría un oscuro pasaje escrito por algún desconocido profeta del Antiguo Testamento y el texto encaja perfectamente en la situación. Agradecemos a Dios por los pastores, pero pueden intimidar.

Está el pastor de jóvenes. Miramos a nuestros hijos reunidos alrededor de él. Él usa una camiseta que dice "Jesús es maravilloso" y toca la guitarra cantando música cristiana en ritmo de rap. Parece tener una relación natural con nuestros niños en la edad en que nuestra relación con ellos tiende ser muy tensa. Y el pastor de jóvenes parece saber cómo tomar a Jesucristo y traerlo a los asuntos que más preocupan a nuestros hijos y a nosotros: la presión de los iguales, salir en pareja, las drogas, etc. Agradecemos a Dios por los pastores de jóvenes que también, tienen un papel importante que desempeñar, pero también pueden intimidar.

Están nuestras esposas. No sé cómo lo hicimos pero muchos terminamos casados con mujeres santas. Resulta notable observarlas. Parecen tener una comprensión natural de las cosas espirituales, una fácil camaradería con Jesucristo. Las miramos orar. Llegamos a casa y nos fijamos que su guía para las devociones está en la fecha correcta: esta mañana han dedicado tiempo a la Biblia. Lo que es más, parecen capaces de comunicar todo esto a los niños. Se sientan con los niños en el sofá y les leen una historia de la Biblia: todo eso de Moisés entre los juncos o de la túnica multicolor de José. (¡Sí, a veces ellas pueden intimidar también!)

Las mujeres son característicamente más orientadas a relacionarse mientras que los hombres se orientan más a la tarea. Esto explicaría por qué las mujeres cristianas parecen tener una intimidad más natural con Cristo mientras que los varones cristianos parecen más atraídos a los deberes religiosos. Dios puede habernos bendecido con esposas muy fieles pero la tentación que esa bendición conlleva es

EQUIPAMIENTO ESPIRITUAL

Los padres eficaces encuestados mostraron que les importaba mucho enseñar valores cristianos leyendo la Biblia con sus hijos, teniendo un momento de adoración en el hogar y siendo modelos de santa conducta.

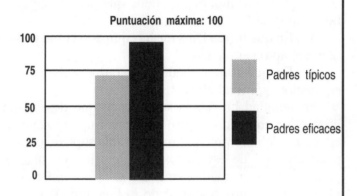

Puntuación máxima: 100

Padres típicos

Padres eficaces

De los siete secretos, el equipamiento espiritual tuvo la segunda diferencia más grande, después de la entrega. Los padres eficaces tuvieron 72% de la puntuación máxima, lo que fue 18% superior a la puntuación de 56% de los padres típicos.

que consideremos a nuestras esposas como demasiado espirituales para justificar que *nosotros* tomemos el papel de líder para guiar a nuestra familia en las cosas espirituales. Después de todo, ¿no es la persona más espiritual la mejor elección para equipar a nuestros hijos?

Es fácil intimidarse y más fácil es delegar las responsabilidades espirituales a nuestras esposas, pero debemos aceptar nuestra función de líderes espirituales. ¿Tienes una esposa fiel en tu hogar? ¿Tienes un pastor y un pastor de jovenes fieles en tu iglesia? Alaba a Dios. Tu función de equipador espiritual ha sido muy facilitado pero la presencia de esta santa gente no lo vuelve innecesario ni le resta importancia. Tienes que ser parte de este equipo. Dios tiene algunas cosas muy significativas para que tú aportes.

Al tratar el equipamiento espiritual tenemos que plantearnos cuatro preguntas básicas:

1. ¿Cuánta importancia tiene para mis hijos estar espiritualmente equipados?

2. ¿Cuánta importancia tiene que yo, el padre, sea el líder espiritual?

3. ¿En qué forma Dios me ha equipado como padre para que esté apto para la tarea?

4. ¿En qué forma puedo prepararme más para ser un equipador espiritual eficaz?

En realidad he estado suponiendo que deseas que tus hijos estén equipados espiritualmente. Supongo que en esta época no debiera precipitarme con mis suposiciones. Hace poco una red de estaciones de televisión de una ciudad grande del oeste medio vinieron al *National Center for Fathering* (Centro Nacional de la Paternidad) para ver si realizaban un especial sobre la paternidad de una hora de duración en el mejor horario. Querían usar una de nuestras encuestas cortas y nos preguntaron las características que nuestra investigación había señalado respecto de los padres satisfechos. Les enviamos nuestros datos. Varias semanas después una de sus libretistas nos llamó para hablar de ciertos puntos específicos de la manera en que iban a darle forma al programa. El resultado fue una dramatización de cada una de las diferentes características que se observan en un padre eficaz. Ella nos dijo cómo iban a dramatizar la interacción conyugal, la conciencia del desarrollo y los otros rasgos. Los mencionó todos menos uno.

"Me da curiosidad", dijo el miembro de nuestro personal. "¿Cómo van a tratar el "equipamiento espiritual"? Usted no lo mencionó".

"Oh, nosotros no vamos a tocar ese punto".

"Pero, eso aparece en nuestra investigación. Sin eso estarán presentando un cuadro incompleto de un padre eficaz.

La libretista contestó: *"Independientemente de lo que diga la investigación* no podemos usar 'equipamiento espiritual'"*.

Respiré profundo en mi calidad de investigador. Me he acostumbrado como cristiano a eso. En esencia, esta libretista decía, conforme a las reglas de nuestra cultura "no me importa cuál es la verdad, no podemos hablar de cosas espirituales".

Pero la verdad de la cuestión es que la verdad *es*. Parte de esa verdad es que Dios es. Dios existe. Dios no es como Santa Claus o el conejo Pascual, respecto de los cuales nosotros decidimos si queremos meterlos en nuestras tradiciones familiares. La cuestión no es *si* tus hijos tendrán una relación con Dios. La cuestión es *qué clase* de relación tendrán con Él. Tus niños pueden ser su enemigo o su amigo. Tus hijos pueden ser sus conocidos o sus amigos íntimos.

De la misma manera, parte de la verdad es que tus niños son seres espirituales. Poseen espíritu; lo han tenido desde que nacieron. Ese espíritu no es como un buen oído para la música o una aptitud mecánica que el niño puede o no tener y que tú puedes desear o no fomentar. Tus hijos no pueden decidir si tener una vida espiritual más de lo que pueden decidir si ser humanos. Tal como se están desarrollando en sus vidas físicas e intelectuales, así se están desarrollando espiritualmente. La cuestión no es *si* tus niños se desarrollarán espiritualmente. La cuestión es *cuán bien* o *cómo* será desarrollado este aspecto de la vida de ellos.

Durante mucho tiempo padre y madre han ignorado el equipamiento espiritual de sus hijos. Hoy cosechan las consecuencias. Hace poco la revista *Newsweek* publicó una crónica de la carátula titulada: "Tras la revuelta de los votantes: El sueño perdido de los Estados Unidos". Resulta interesante que habló de las necesidades espirituales:

179

*Nuestra más profunda ilusión [como estadouniden-
ses] de la prosperidad era pensar que grandes dosis
de eso resolverían casi todos los problemas. Sin
querer adoptamos una visión de la naturaleza humana que suponía que las necesidades espirituales
podían ser satisfechas con bienes materiales en
última instancia.[2]*

La gran motivación para equipar espiritualmente puede
hallarse parafraseando de esta manera Marcos 8:36: "¿De
qué sirve a un padre enseñar a sus hijos cómo ganar todo el
mundo si falla al enseñarles cómo no perder sus propias
almas?"

No hay como la casa

Hay un patrón histórico significativo que ha establecido
al padre como líder espiritual del hogar.

El pueblo elegido de Dios en las épocas del Antiguo
Testamento no tenía una iglesia como la conocemos. Había
una nación y esa nación estaba compuesta de tribus y las
tribus estaban hechas de familias.

El credo más importante de los hebreos era el *Shemá*, que
se llama así por la primera palabra del credo (Deuteronomio
6:4-5):

"Oye, Israel: Jehová nuestro Dios, Jehová uno es. Y
amarás a Jehová tu Dios de todo tu corazón, y de toda tu
alma, y con todas tus fuerzas.

El *Shemá* corporizaba la verdad más grande: que Yavé
[Jehová] era Dios; el mayor distintivo: que el judaísmo es
monoteísta; y el mandamiento más grande: que los israelitas
tenían que amar a Dios con todo su ser. Al presentar el
Shemá, estas grandes verdades iban seguidas por las instrucciones de Dios sobre cómo enseñarlas: "Y las repetirás a tus
hijos, y hablarás de ellas estando en tu casa, y andando por
el camino, y al acostarte, y cuando te levantes (Deuteronomio 6:7).

Dios quería que sus instrucciones fueran parte de la rutina diaria de la vida familiar. La responsabilidad de presentar a los niños los misterios de la fe recaían primordialmente en los hogares, y sólo secundariamente en el templo, y mucho después en la sinagoga. La manera de instruir parecía sumamente informal: los padres enseñaban cuando se daba la oportunidad en el camino del diario vivir.

Las iglesias surgen con el Nuevo Testamento. Sin embargo, con los cambios que esto trae a la estructura de la congregación de los elegidos de Dios, cualesquiera fueran, no disminuye la importancia del hogar. En todas las epístolas del Nuevo Testamento que se pensaba fueran leídas en público en las asambleas, se menciona directamente a los niños sólo dos veces. En ambos casos (Efesios 6:1 y Colosenses 3:20), los niños son referidos *de inmediato* a sus padres:

"Hijos, obedeced en el Señor a vuestros padres, porque esto es justo" (Efesios 6:1).

El apóstol Pablo se da cuenta de la responsabilidad que esto asigna a padre y madre, pues, de inmediato les dice (a los padres en particular) que no exasperen a sus hijos sino que, en cambio, "criadlos en disciplina y amonestación del Señor" (Efesios 6:4).

La responsabilidad de la preparación espiritual de los hijos radica primordialmente en padre y madre, y sólo secundariamente en la asamblea pública. El apóstol Pablo ilustra esto claramente en 1 Tesalonicenses 2:11-12: "Así como también sabéis de qué modo, como el padre a sus hijos, exhortábamos y consolábamos a cada uno de vosotros, y os encargábamos que anduvieseis como es digno de Dios, que os llamó a su reino y gloria".

Ciertamente el padre tiene que dar ánimo (decir palabras de bendición) y consuelo (escuchar y entender preocupaciones) pero también, urgir (ayudar a que sus hijos entiendan el importante papel que desempeñan en el reino de Dios). Esta urgencia de los asuntos espirituales reviste vital importancia para que la expresen los padres.

Ahora bien, el padre sabio se dará cuenta del valioso activo que tiene en la iglesia local. Él la verá como parte de su función de equipador espiritual exponiendo habitualmente a sus hijos a la enseñanza de la escuela dominical y a la discusión e interacción con el grupo de jóvenes. Cristo ha dado a los miembros de su iglesia varios dones espirituales que usamos para edificarnos mutuamente en Él. El padre sabio pone a su hijo o hija en medio de un amoroso grupo dotado de gente que se dedica a usar sus dones para provecho del niño. Pero hay una diferencia entre delegar la responsabilidad y abdicarla por completo. En efecto, cuando el padre sabio piensa en los dones espirituales sabe lo que significan "a fin de perfeccionar a los santos para la obra del ministerio" (Efesios 4:12). En otras palabras, él no se acerca a un maestro de la iglesia diciendo: "Aquí está mi hijo, use su don para enseñarle". Él dice en cambio: "Yo soy el llamado a realizar la obra de servicio, por favor, equípeme para que cuando llegue mi turno pueda equipar a mi hijo".

Algunos escritores son muy firmes al respecto. William Barclay conocía el valor de la participación del padre y la madre en la formación de los valores espirituales del hogar. Él escribe:

> *El Nuevo Testamento no conoce la educación religiosa ni las escuelas, pues, el Nuevo Testamento tiene la certeza de que la única preparación que realmente importa es la dada en el hogar y que no hay maestros tan eficaces como son padre y madre en materia de bien o mal.[3]*

Barclay puede reflejar el sentimiento de los primeros puritanos. En el siglo diecisiete William Gouge alivió algo de la tentación de dejar el equipamiento espiritual a manos de la iglesia instituida, escribiendo que cada familia es una "pequeña iglesia y una pequeña comunidad, por lo menos, una vívida representación de aquellas, por lo cual pueden probarse para esto como sea apto para cualquier lugar de autoridad o sumisión a la iglesia o a la comunidad".[4] El célebre escritor John Bunyan celebraba la actividad espiritual del hogar. Se impresionó mucho con una invitación a la casa de un señor Gifford, "donde debiera oírle consultar con otros sobre los tratos de Dios con sus almas.[5]

Richard Baxter, un famoso predicador puritano, llegó al extremo de abogar en pro de las ventajas de la instrucción en casa comparada con la de una parroquia grande: "(1) hay menos para enseñar; (2) los alumnos están siempre con uno y uno puede hablar a menudo; y (3) están ligados a uno por relación, afecto y pacto".[6]

Baxter va por la pista correcta. Si estuviera vivo hoy podría, también, agregar que el equipamiento espiritual en la casa ayuda a evitar una de las más grandes maldiciones de la iglesia estadounidense moderna: a saber, la división de nuestra fe. Los niños que se encuentran con el cristianismo sólo un par de horas por semana y sólo dentro de las cuatro paredes del edificio de una iglesia, probablemente crecerán para creer que su fe es sólo un segmento de sus vidas que no debe (o no puede) abarcar todos los aspectos de sus vidas. Tales niños muy bien pueden hacer de Jesús, el Señor de sus mañanas dominicales —mientras que Él desea ser el Señor de sus vidas enteras—. El equipamiento espiritual en el hogar permite que tus hijos conozcan a Jesús donde viven y en lo que hacen.

Aunque al final queremos evitar el debate que pone a la iglesia contra la familia. Ambos son regalos de Dios para tus hijos. Sin embargo, la tensión entre ambas puede ser inagotable. Cuando se trata de equipamiento espiritual algunos hombres favorecen a la iglesia. El foco central de estos padres está puesto en formar a la iglesia para que sea el equipador productivo de sus niños. En un estudio de pastores que son padres, descubrimos que estos padres percibían el pasar tiempo en la iglesia como pasar tiempo con la familia. Ellos suponen que la iglesia *es* la familia, y así cuando están en la iglesia, esencialmente están teniendo un tiempo familiar. Su tiempo en el hogar interactuando con sus hijos era escaso. Entonces, hay otros hombres que acusan a la iglesia de quitarles tiempo con la familia. Ellos relegan a la iglesia a un papel secundario, y a veces ni siquiera son miembros de un cuerpo local de creyentes. Estas familias están aumentando y sospechan de la iglesia por sus variadas actividades.

Pero el debate se vuelve sin sentido cuando cada bando plantea algunas preguntas básicas. El padre pregunta: ¿Cómo puedo ser padre en la iglesia igual que en la casa? ¿Cómo puedo usar los abundantes dones de la iglesia para que me ayuden a equipar espiritualmente a mis hijos? La iglesia pregunta a su vez: ¿Cómo podemos entrenar a los hombres para que equipen a sus hijos espiritualmente en el hogar?

La parte que falta en el equipo espiritual

Algunos hogares emprenden, por supuesto, la preparación espiritual de sus hijos sólo que es la madre quien lo hace y el padre es quien la observa actuar, a menudo, admirativamente. Pero tal como la casa necesita unirse a la iglesia en equipo, así el padre debe unirse a su esposa.

A menudo el padre es la parte que falta del equipo. Cuando el doctor Lyle Schaller informó a los líderes de iglesia, notó que en una población general con 53% de mujeres y 47% de hombres, ellas constituyen de 60 a 62% de todos los adoradores dominicales.[7] Gordon Dalbey cita este estudio y comenta su propia experiencia parroquial. En un año los archivos mostraron que 63% de los miembros activos de su iglesia eran mujeres. De las señoras casadas, 25% adoraba sin sus maridos. Estos hombres ni se incorporaban a la iglesia u optaban por no participar luego de ingresar.[8] Esto llevó a que Dalbey titulara uno de los capítulos de su libro así: "¿Dónde están todos los hombres?"

Pero estos estudios sólo indican la asistencia a la iglesia. Hay muchos padres que participan activamente en la iglesia pero que no tienen actividad espiritual en sus hogares. Podrían suponer que para el crecimiento espiritual de los niños basta con lo que la esposa hace con ellos. Esto no es verdad. Los niños necesitan asimismo la guía espiritual de sus padres.

Hay pruebas de que la instrucción espiritual que proviene de un padre tiene más probabilidades de "prender" o ser efectiva en la vida de su hijo que aquella procedente solamente de la madre. Por ejemplo, un estudio analizó la asistencia a la iglesia de adolescentes e hijos adultos. En las familias donde sólo la madre iba a la iglesia y llevaba consigo a sus hijos, un cierto porcentaje de los niños siguieron yendo a la iglesia hasta en su adultez. En las familias donde el padre y los hijos iban a la iglesia (pero no la madre) hubo un porcentaje *mayor* de los niños que siguió asistiendo habitualmente a la iglesia. El mayor porcentaje de todo fue, por supuesto, encontrado en los niños que crecieron con *ambos* asistiendo a la iglesia.

La conclusión final de ese estudio quizás sea lo más importante. El padre y la madre santos forman un equipo de padre y madre en que se complementan uno a otro para provecho de sus hijos. Lo que el padre aporta al papel de equipador espiritual de los hijos será probablemente diferente de lo que aporte la madre. Los niños necesitan a ambos. Hemos mencionado varias veces en este libro al padre como el que suele introducir a sus hijos al mundo. Mientras que la madre suele ser identificada con el hogar, el padre es identificado con las fronteras externas del hogar. Por consecuencia, cuando se trata del equipamiento espiritual, la madre suele ser quien enseña a los niños de la bondadosa compasión y seguridad del Señor. Jesús se aplica a sí mismo una imagen maternal cuando se lamenta por Jerusalén:

¡Cuántas veces quise juntar a tus hijos, como la gallina a sus polluelos debajo de sus alas, y no quisiste!

Lucas 13:34

Más adelante, cuando el apóstol Pablo se aplica una imagen de padre, destaca una orientación más externa por sus niños:

Así como también sabéis de qué modo, como el padre a sus hijos, exhortábamos y consolábamos a cada uno de vosotros, y os encargábamos que anduvieseis como es digno de Dios, que os llamó a su reino y gloria.

1 Tesalonicenses 2:11-12

El riesgo que corre un niño que sólo recibe nutrición espiritual de su madre es que puede crecer concibiendo el cristianismo como cosa privada sin aplicación pública. Puede limitar el ejercicio de su fe a las cuatro paredes de su casa y carecer de la osadía de vivir para Cristo donde trabaje.

Los niños que crecen sin un modelo masculino de vitalidad espiritual en su casa, se inclinan, por supuesto, a concebir el cristianismo como cosa de mujeres. El trabajo ha triunfado sacando hombres por medio de labores y recompensas específicas por un trabajo bien hecho, pero le ha costado mucho a la iglesia sacar hombres para que lleven vidas de fe. Servir humildemente al Señor, amarse unos a otros y llevar vidas puras puede ser igualado a ser afeminado o delicado. ¿Qué joven quisiera aceptar eso? La feminización de la iglesia estadounidense puede ya ser responsable parcialmente por la cantidad de padres que han abdicado de sus responsabilidades de equipadores espirituales en sus hogares. No seas uno de esos que sucumben a este temor. El concepto apropiado sobre quién es Jesucristo y haber experimentado el valor necesario para vivir por Cristo en este mundo incrédulo, permite una amplia expresión de la fe masculina. Gordon Dalbey escribe:

La iglesia ha contribuido mucho en el curso de los siglos a animar a los hombres a que procuren virtudes femeninas. Pero no hemos tratado ni retratado modalidades cristocéntricas para procurar las virtudes masculinas. No basta que los cristianos retraten la debilidad y la ternura como actitudes aceptables en un hombres. También debemos retratar la fuerza y la firmeza masculinas que es de Dios. Debemos demostrar que la debilidad confesada y sometida al Dios Vivo por medio de Jesucristo da definitivamente la misma fuerza masculina que anhelan los hombres: la resistencia frente a la oposición, la determinación frente a la incertidumbre y el poder salvador frente al peligro.[9]

Resulta interesante que cuando el Nuevo Testamento manda criar a nuestros hijos "en la disciplina y amonestación del Señor" no se dirige a las madres (aunque ciertamente se aplique a ellas); tampoco a padre y madre (aunque ciertamente se aplica al equipo). Efesios 6:4 y Colosenses 3:21 se dirige a los *padres*. La repercusión es que cuando el Señor inquiera un día acerca de tus hijos, primero te preguntará a ti, el padre de ellos.

La responsabilidad puede pesar mucho pero, Dios no nos da una tarea sin darnos los recursos para realizarla. Tenemos que confrontar la ineptitud que muchos de nosotros sentimos cuando se trata de equipar espiritualmente a nuestros hijos.

Los padres eficaces que formaron parte de nuestro estudio y que revelaron el séptimo secreto del equipamiento espiritual son hombres iguales que tú. No son graduados de seminario. No son misioneros jubilados. No son pastores. En efecto, aunque muchos pastores también son padres eficaces nuestra encuesta en particular no incluyó ni un solo clérigo.

Un mito que debemos explorar es aquel que dice que tienes que ser un cristiano perfecto para ser un equipador espiritual eficaz. Esperamos que todos podamos admitir que ningún hombre es perfecto. También debiéramos evitar la trampa de que lo que sigue a la perfección es la semiperfección; en cambio, lo que sigue a la perfección es la honestidad. Tu honestidad y transparencia respecto de tu vida espiritual puede enseñar a tus hijos mucho de lo que tu semiperfección no puede.

William es un amigo mío de ministerio que es todo un hacedor. No quiero decir con eso que se pare en el púlpito y actúe o divierta sino que él cumple mucho y mantiene bien sus límites aunque puede resultar algo teatrero por permitir que los demás, hasta sus hijos, sólo vean su frente positivo. Él ha luchado, sufrido y aprendido muchas cosas profundas del Señor pero nunca ha permitido que nadie lo vea luchando.

Me dijo que temía debilitar la fe de sus hijos si les dejara conocer esos momentos difíciles. Últimamente, sin embargo, a medida que William se acerca a la mitad de los cincuenta, ha empezado a reflexionar en algunas cosas que podría haber hecho en forma diferente. Buena parte de su reflexión fue activada por un comentario reciente de su hijo adulto: "Papá", dijo el hijo cuando se iba de la casa, "deseo que me hubieras contado tus luchas cuando estaba creciendo. Quiero decir cosas como compartir tus luchas espirituales conmigo. Si hubieras hecho eso, entonces yo hubiera sabido que está bien luchar espiritualmente. Papá yo lucho espiritualmente y pensaba que eso era anormal".

Ser honesto con tus niños respecto de tu propia necesidad de Dios es algo crítico. Si te sientes inadecuado ante Dios es sólo porque lo eres. Todos somos así. Jesús dice: "Separados de mí nada podéis hacer" (Juan 15:5).

Pero confesar tu inadecuación, irónicamente te vuelve adecuado, en parte, para la tarea de equipar espiritualmente a tus hijos. Cuando eres transparente, tus jóvenes hijos observadores pueden mirar adentro y ver las bondadosas obras del Espíritu. Ellos aprenderán mucho de sus propias luchas espirituales.

Así que, no te avergüences por sentirte inadecuado pero tampoco te dejes engañar por eso. En nuestro capítulo sobre la entrega, el primer secreto de los padres eficaces, dijimos que los padres eficaces sacan una gran cantidad de motivación simplemente de su *posición* de padres. En otras palabras, aunque estos hombres se consideren *personalmente* inadecuados para la tarea de ser padre, creen que el mismo papel de padre les confiere cierta fuerza y autoridad. Hasta el oficial más mediocre pudo haber mandado al Tercer Ejército a cruzar el Rin simplemente mostrando las cinco estrellas de su casco.

Cuando Dios te da el cometido de padre, te inviste con el poder para que hagas su voluntad. En efecto, mi colega Dave Simmons tiene el término preciso, "poder de padre". Él lo define en el siguiente párrafo:

Dios quiere que su verdad y luz pasen de una a otra generación, así que estableció un automatismo en la familia para asegurar que se cumplieran sus deseos. Él creó el poder de padre con la fuerza para durar cuatro generaciones y la insertó en los corazones de los padres. El poder de padre es como una herramienta, como un martillo para sacar clavos, para sacar la verdad de Dios desde una generación y ponerla en la siguiente, y en la tercera y en la cuarta.[10]

La referencia que hace Dave a la influencia sobre la cuarta generación alude al uso negativo del poder de padre, expuesto en Exodo 34:7, "y que de ningún modo tendrá por inocente al malvado; que visita la iniquidad de los padres sobre los hijos y sobre los hijos de los hijos, hasta la tercera y cuarta generación."

Lo que Dave trata de establecer es que no se puede obtener este tipo de poder sino que ya lo tienes sencillamente por ser padre. *Usa tu poder y úsalo para obtener buenos resultados.*

Cuando se trata del equipamiento espiritual ¿cuál es la naturaleza del poder de padre? Bueno, puede radicar en la fuerza de la metáfora: somos padres como Dios es padre. Somos lecciones objetivas andantes para nuestros hijos respecto de quien es Dios.

Dios creó un universo espiritual invisible. Pero su universo físico visible está repleto de símbolos y metáforas que nos permiten saber del espiritual. Por ejemplo, en el matrimonio tenemos la oportunidad de vivir la intimidad y la sumisión. Aprendemos qué significa vivir como una sola carne con otra persona. Eso es maravilloso en sí mismo pero el matrimonio se vuelve aun más maravilloso cuando nos damos cuenta de que es un símbolo del amor de Cristo por su iglesia (Efesios 5:22-23).

De igual manera Dios tiene una importante verdad para enseñar a tus hijos: que Él es padre. Captar su paternidad es crucial para la comprensión que tus hijos tengan de la protección divina, de la providencia divina, del compromiso divino con nosotros, las respuestas a las oraciones, etc. Dios disciplina a quienes le siguen, pero si tus hijos no entienden su paternidad, estarán condenados a percibir su disciplina como crueldad o juicio que no perdona. Así que Dios quiere enseñarnos a cada uno sobre su paternidad. Lo hace en la Biblia pero también poniendo millones de réplicas de paternidad en la tierra que sirvan como símbolos de su afecto paternal.

Dios corre así un tremendo riesgo. Los hombres pueden optar por ser *malos* modelos de la paternidad de Dios con toda facilidad y sus niños pueden unir modelo y hacedor, padre terrenal y Padre celestial, en un solo movimiento desafortunado. Pero Dios sabe lo que hace. Dios se dio cuenta de que todo modelo humano es, en definitiva, inadecuado para revelar su gloria y santidad, así que nos dio las Escrituras para relatar qué clase de padre es. Y sigue confiando en la fuerza de sus modelos. Un padre terrenal puede enseñar mucho a su hijo del Padre celestial, sencillamente cumpliendo su papel de padre.

Tú tienes poder. Tu sola presencia en tus hijos afectará sus puntos de vista espirituales. Ni siquiera tienes que abrir tu boca para cumplir una parte de tu papel de equipador. Cuando te agachas para amarrar el zapato de tu hijo, le estás diciendo algo de Dios. Cuando le compras a tu hija ropa nueva para ir a la escuela, le estás diciendo algo de Dios. Pero en el minuto en que hablas, tu voz suena mucho como la de Dios para tus hijos. No es que *seas* Dios para ellos sino que, en la medida que ellos saben, tú suenas como Él. Eres el hombre más importante del mundo para ellos. El simple hecho que tú *tengas* una Biblia comunica algo valioso a tus hijos. Claro que tener una Biblia pero no leerla también comunica algo importante. Tienes poder como padre. Úsalo bien.

No te paralices por sentirte inadecuado, lo cual es causado por compararte con los demás. La inadecuación se hace punto fuerte cuando eres honesto al respecto. La inadecuación se derrite desapareciendo cuando te das cuentas del poder que tienes como padre para enseñar cosas espirituales a tus hijos.

¡Relájate!

Equípate a ti mismo para equipar a tus hijos

Al obrar desde una postura de poder te permite, ahora, preguntarte: ¿De qué maneras puedo equiparme más para ser un equipador espiritual eficaz de mis hijos?

En alguna forma, la primera respuesta a esa pregunta es crecer en tu fe y madurez de creyente en Jesucristo. No temas acudir a un cristiano mayor a quien respetes y decirle: "Fred, tengo un trabajo importante que hacer. Quiero estar seguro de que estoy criando a mis hijos para que sigan a Dios, pero no puedo darles lo que no tengo. ¿Podríamos juntarnos a tomar un café una vez por semana? Me gustaría que me prepararas para ser un creyente más maduro". Pedir algo así a un cristiano de mayor edad demuestra que, por tus hijos, estás tratando de usar todos los recursos que Dios te ha dado.

La segunda respuesta a la pregunta de equiparnos a nosotros mismos comprende más datos prácticos de cómo seguir equipando espiritualmente a nuestros niños. Permite que ofrezca algunas sugerencias:

No subestimes el poder que tiene llevar una vida santa. El equipamiento espiritual significa enseñar, pero enseñar no significa necesariamente predicar. La enseñanza más efectiva que un padre da a su hijo o hija es ser modelo de la verdad. El hogar puede ser el lugar para erradicar "pecaditos" como mentir, engañar o traicionar, pero no seas ingenuo pensando que puedes actuar de cualquier forma fuera de tu casa. Resguarda tu integridad. Pocas cosas dañarán más a tus hijos que observarte predicar sin practicar. Nunca ha habido tanta necesidad como ahora en la iglesia y la familia de contar con padres que sean modelo de este tipo de espiritualidad.

Una de las cosas más útiles pero intimatorias que puedes hacer para fomentar tu efectividad como modelo, es pedir a tu esposa e hijos su opinión acerca de tu estado espiritual. Pregúntales directamente si piensan que tu fe es real o falsa.

Estos observadores objetivos aunque íntimos suelen poder darnos información de cosas que nunca hubiéramos pensado o advertido.

Dirige a tu familia en la adoración. Quizás no hay otro aspecto de la vida cristiana que haya sido más descuidado por los hombres que la adoración. En tu iglesia sospecho que habrá algunos eruditos muy versados en la Biblia; probablemente tengan algunos evangelistas muy eficaces, otros que llevan una fructífera vida de oración y hasta otros que han sido bendecidos con un maravilloso corazón de siervo, pero ¿cuántos *adoradores* hay entre los hombres que conoces? No me refiero a alguien que pueda dirigir un servicio de la iglesia siguiendo exitosamente el programa del boletín de la iglesia. En cambio, ¿cuántos hombres conoces que pueden expresar, libre y cómodamente, su adoración y gratitud al Dios que es digno de nuestra alabanza?

La adoración es importante. Es importante para Dios. Él desea oír la alabanza de su pueblo con regularidad y frecuencia. Es importante para nuestras familias porque puede crear un sentido de solidaridad. Cuando adoramos juntos, experimentamos el enlace de unirnos en el Espíritu. También descubrimos nuestro mínimo común denominador, algo aun más básico que nuestros lazos familiares: descubrimos que Dios es nuestro Creador y nuestro Padre. La adoración también es importante para los hombres. Puede dar liberación a los hombres que no suelen tener la oportunidad de expresar emociones. Cuando participas en la adoración, te concentras en algo fuera de ti mismo que puede calmar todas las responsabilidades que intuyes. Esta paz sobrepasa todo entendimiento.

Dirige a tu familia en adoración honrando el servicio en la iglesia. En las épocas del Antiguo Testamento el padre desempeñaba un papel reuniendo las piedras para el altar o preparando el sacrificio. El equivalente actual es el de preparar a su familia para adorar en las mañanas dominicales. Guardar el día de reposo (sabat) ha sido practicado durante siglos por los padres y las familias, al menos hasta el siglo veinte. Hoy es común que las iglesias cancelen los servicios vespertinos para las finales de la Super Copa o de la NBA. El sabat como día de reposo se ve desafiado cada año por nuestra sociedad crecientemente comercial. Ya no hay cabida para un día de descanso sino, más bien, para ponerse al día con las cosas que no hicimos en la semana.

Ahora bien, no propongo que regresemos a la época de sentar a nuestros hijos en bancos durante el domingo y decirles que no se muevan hasta el ocaso del sabat. Todos necesitamos transmitir a nuestros hijos que nuestro tiempo en la iglesia es una parte crucial de la semana, apartada para un propósito importante y, en este sentido, santa. Cuando nos reunimos con los santos, nos estamos juntando en una voz colectiva de alabanza a nuestro Dios.

La guía más importante que puedes dar a tu familia respecto del servicio dominical no se presenta durante el servicio mismo. Más bien, puedes hacer lo mejor de tu tarea antes y después del servicio. Cerciórate antes del servicio de que tu familia está física, mental y espiritualmente preparada para oír hablar a Dios. Esto puede significar algo tan sencillo como hacer que los niños se acuesten a tiempo (tú también) para que estén alertas y se porten bien en la iglesia. Báñalos en la noche del sábado, dejando lista su ropa, para que la mañana del domingo no se vuelva un apuro frenético y ofensivo. En la mañana del domingo pon cintas de adoración en el estéreo mientras tu familia se prepara. Mientras desayunan con calma, recuerda a todos que vamos a la iglesia a participar y no de espectadores. Dios es el público que espera oírnos cantar y orar, deleitado por la forma en que damos y escuchamos.

Después del servicio tienes otra oportunidad para instilar respeto por el servicio dominical en tus hijos. Mantén reunida a la familia por un rato más antes de irte a ver el partido de fútbol televisado, que tu esposa duerma su siesta y que tus hijos se vayan a jugar. Tienes que construir un puente entre lo que acaban de vivir dentro de las cuatro paredes de la iglesia y la forma en que viven en casa y en el barrio. Vayan a comer afuera u organicen una gran comida en casa. Reunidos en torno a la mesa, puedes dirigir a tu familia a comentar el servicio y el sermón. Hay algunas preguntas que puedes formular para evitar que la conversación se vuelva crítica. Puedes preguntar: "¿Qué parte del servicio te gustó más y por qué?" "¿En tu opinión, qué parte del servicio le gustó más a Dios?" "¿Qué entendiste del sermón?" Si tus hijos son pequeños, traduce el sermón para ellos. Te sorprenderán las perspectivas únicas que tus niños aportan a la conversación y puede que hasta *te halles* prestando más atención en la iglesia en la próxima semana.

Dirige a tu familia para adorar en tu hogar. He oído a muchos hombres expresar su interés por disponer de un tiempo habitual para reunir a la familia y leer la Biblia, cantar y orar como familia. Ellos preguntarán invariablemente "¿cómo lo hago?" Las devociones de la familia no tienen que ser tremendas o perfectas. Tampoco tienes que sentir que debes estudiar y preparar todo un sermón para la ocasión. Al tratar de orientarse técnicamente, los padres suelen olvidar que van una vez por semana al servicio de la iglesia y que ahí las cosas parecen andar muy bien. Con el diluvio de recursos publicados, más de cincuenta Biblias diferentes para niños y cientos de libros para las devociones, realizar las devociones de la familia no es tan complicado como muchos padres lo hacen parecer.

Cuando Jesús estuvo en la tierra, los discípulos acudieron a Él a pedirle: "Señor, enséñanos a orar, como también Juan enseñó a sus discípulos" (Lucas 11:1).

Aprendemos a orar escuchando orar a los demás y aprendemos a adorar mirando cómo adoran los demás. Uno de los mayores beneficios de tus tiempos de adoración es el modelo que dan a tus hijos. Resulta fascinante observar a un niño pequeño ruidoso que se aquieta durante la oración a medida que va creciendo. En lugar de tratar de que se calle y excluir al niño de la oración y devociones de la familia, deja que participe. Ve lo que pasará. Dale dos o tres meses para que mire y escuche y, luego, anímale dándole la oportunidad de orar. Cuando llegue el momento y estén reunidos para orar, el niño se les unirá tranquilamente.

Usa los ratos de devociones de la familia para equipar a tus hijos con el corazón del siervo también. Pregúntales si conocen a algún amigo o a alguien del barrio que pudiera beneficiarse de las oraciones de su familia. Ora por estos pedidos. Mantén abiertos tus oídos para los pedidos de oración y ve si son formas que Dios usa para que tu familia responda algunos. En efecto, aporten todos ideas: "La señora Samuelson está enferma; ¿qué podemos hacer para ayudar a alegrarla?" o "¿Me pregunto qué podemos hacer para ayudar a los Meredith a pagar sus cuentas?"

Ten cuidado de no igualar el equipamiento espiritual con "el controlar todo". Muchas personas bien intencionadas perciben al padre como persona espiritual si mantiene bien dominados a todos los de su familia. Sus hijos nunca pecan (por fuera) porque él se cerciora de que nunca tengan la oportunidad de hacerlo. Ahora bien, es evidente que el padre no debe permitir que el caos reine en la casa pero tampoco debe tener la actitud de un sargento que trata de dominar a sus hijos o poner el mundo de ellos en el microscopio para que *él* pueda inspeccionarlo detalladamente. Aunque puedas imponer moral durante un tiempo, nunca podrás imponerla espiritualmente ya que, por definición, la moral es una *relación* de amor con Jesucristo. Recuerda que la meta del equipamiento espiritual es darle a nuestros hijos los recursos espirituales que necesitan para llevar vidas fieles ante Dios. Un padre legalista elige todo por cuenta de sus hijos y los chicos se vuelven como un pollo recién nacido al que no se le permitió abrirse camino fuera del cascarón; no tiene fuerza para sobrevivir. Como lo sugiere Robert Hicks, "si la meta [de la paternidad] es el dominio, la opción debe ser eliminada y sin la libertar de elegir, el niño nunca puede desarrollarse adecuadamente".[11]

No hace mucho, el Senado estadounidense realizó un serio debate sobre el tema de la oración en las escuelas públicas. Justo fuera de Washington D.C., un senador que había participado en el debate fue a hablar en el desayuno de los varones de una iglesia. En su discurso explicó el debate actual, y luego pidió a los hombres presentes que levantarán las manos si estaban a favor de orar en las escuelas. Casi todas las manos del grupo se levantaron.

Inesperadamente preguntó a esos hombres: "¿Cuántos de ustedes, aquí presentes, han orado en voz alta con sus hijos en casa durante la semana pasada?" Sólo dos manos se elevaron.

Criar a nuestros hijos para que sean eficaces en el Espíritu es una tarea demasiado importante para delegarla. Los padres eficaces se ponen a la altura del reto, confiados en que el Padre celestial compensará la debilidad de ellos y bendecirá hasta sus más inciertos esfuerzos.

Diez

El octavo
secreto

Ahora ya posees los siete secretos de los padres eficaces. Estos hombres han revelado lo que saben, y ahora tú sabes de su entrega, de conocer a tu hijo, ser consecuente, la protección y provisión, amar a sus madres, escuchar activamente y del equipamiento espiritual. Tu aprendizaje entra a la fase en que empiezas a aplicar lo que has aprendido. Es hora de entregarse o volver a entregarse.

Estos siete secretos te pondrán en el camino correcto pero hay algo que aún te falta.

Tengo que hablarte del octavo secreto, créelo o no, el octavo de los siete secretos de los padres eficaces. No te vayas.

Extendiéndose en todas las direcciones desde mi hogar aquí en Kansas, está la tierra agrícola más fértil de la nación. Los granjeros producen grano, principalmente trigo. A fines de junio puedes trepar una colina cercana y mirar al valle donde está el buen suelo del fondo de las quebradas. Los campos parecen un mar de oro, el viento pasa por entre las puntas produciendo corrientes y olas de movimiento. A la distancia, la trilladora verde corta una vaina a lo largo del borde de un campo y la paja vuela bajo la máquina formando una nube de polvo. La cosecha de este año es una cosecha tremenda.

¿Qué produjo esta abundancia, este éxito?

Puedes hablar con estos hombres curtidos por el tiempo sobre el éxito de la faena agrícola y ellos te pueden hablar de los suelos. Conocen el terreno que pisan: la franja arenosa, cómo apisonarla, cómo rotar los cultivos. Ellos pueden hablarte de la semilla. En Kansas es la Hard Red Winter, importada desde Rusia a los Estados Unidos hace más de cien años. Estos hombres pueden hablarte de las temporadas para plantar, de los abonos y herbicidas y del riego. Algunos tienen títulos de profesiones agropecuarias de la cercana Universidad Estatal de Kansas. Muchos han heredado generación tras generación de experiencia en la finca de la familia.

Sí, pero ¿qué hizo que esta cosecha creciera después de todo?

El viejo granjero se para y levanta unos centímetros el borde de su raída gorra. Echa una larga y amplia mirada a la interminable franja de terreno que tiene por delante y esquiva el brillante reflejo de la luz del sol en su trigo. Piensa que entiende. "¿Quiere decir 'qué es la vida'?", pregunta.

Te sientes demasiado turbado para contestar pero eso es exactamente lo que quieres saber. Has oído mucho de la rotación de los cultivos y de la elección del abono. Ni siquiera preguntas de la germinación de la semilla ni de la fotosíntesis. Quieres saber: ¿qué es la vida? ¿Qué hace crecer?

"No sé", dice un granjero. "Pasa tan sólo".

"Dios lo hace", dice otro. "Dios lo hace crecer".

"Un tercer voluntario dice: "Es un misterio, supongo". Hacemos lo que sabemos hacer, pero uno nunca puede saber cuándo va a haber una sequía que nos arruinará o cuándo tendremos más lluvia de aquella que sabemos manejar. En definitiva es algo más allá de nuestro control".

Como padres tenemos que admitir que verdaderamente no hay garantía de que nuestros hijos salgan como queremos. Son seres humanos que efectuarán sus propias elecciones: y habrá sorpresas. Ellos nos decepcionarán en ciertas formas y también nos sorprenderán realizando cosas que nunca hubiésemos pensado posibles. Esperamos haberlos equipado para tratar con las pruebas y las tentaciones que encararán. Esperamos haber creado un entorno en que las sabias decisiones sean el resultado natural, pero la *elección* sigue siendo de nuestros hijos. Esa "vida" que está en ellos es algo que podemos influir y moldear pero es algo que nunca podremos controlar. Y ciertamente nunca la entenderemos por medios científicos.

En el libro *Things We Wish We Had Said*, (Cosas que me hubiera gustado haber dicho), Tony Campolo escribe una carta a su hijo adulto en la que describe su propio encuentro con la incertidumbre de la paternidad:

Cuando reflexionamos, cómo mamá y yo tratamos de canalizar tu vida, espero que pensarás bien de nosotros. Sin duda cometimos errores pero tratamos mucho de hacer lo mejor que podíamos. Al final no pienso que los padres desempeñen el papel determinante que ellos creen tener en lo que serán sus hijos. Los niños tienen voluntad propia. Nosotros los padres podemos darles experiencias y preparación lo mejor que sepamos pero, los jóvenes deciden por sí mismos qué hacer con lo que sus padres les den. Pienso que los padres se atribuyen demasiado mérito cuando sus hijos resultan grandiosos y demasiada culpa cuando sus niños echan a perder sus vidas. Después de todo, Dios creó dos niños perfectos en Adán y Eva. Los puso en un ambiente perfecto, y de todos modos, ambos se rebelaron e hicieron lo malo. Tales pueden ser las consecuencias de tener hijos con voluntad propia. Yo sólo puedo orar que tú sigas queriendo hacer la voluntad de Dios.

Con amor,
Papá[1]

Ser padre es una tarea complicada, quizás mucho más de lo que pensamos cuando abrazamos con amor a nuestra esposa esa noche y concebimos un hijo. Escribiendo este capítulo me siento mucho más como padre que como investigador. Entre diciembre de 1987 y enero de 1992, el Centro Nacional recopiló datos. Usamos siete instrumentos diferentes, refinados varias veces. Consultamos a un sinnúmero de analistas de concepto, psicólogos, estadistas, expertos en datos de familia, trabajadores sociales, profesores, clérigos y educadores. Los datos fueron sometidos a análisis que fueron desde las simples pruebas T al análisis del factor de máxima probabilidad. Al final sigo, de todos modos, como un agrónomo de la Universidad Estatal de Kansas, capaz de hablarte de los suelos que causan buen crecimiento pero que es incapaz de decirte cuál es el octavo secreto. Quedan más variables de lo que podemos controlar nosotros como científicos o estadistas.

Pero puedo decirte una cosa. En realidad debiera dejar que los granjeros te la dijeran. Supongamos que me acerco a uno de ellos y le pregunto: "¿Qué esperaría que pasara en época de cosecha, si hubiera hecho su trabajo fiel y sabiamente durante el año? Quiero decir si escogió el suelo bueno y plantó buena semilla, si abonó en la proporción correcta y regó si fue necesario, si empleó fielmente todo lo que sabe de buen trabajo agrícola, qué pasaría?"

El granjero dice: "Entonces, es probable que tuviera una buena cosecha".

"¿Aunque no conozca en definitiva qué hace que un buen cultivo crezca?"

"Aunque no sepa eso: nadie lo sabe", responde. "Yo hago lo mejor que puedo y espero que el resto salga bien. De todos modos he hecho todo lo que puedo".

"Así que no puede estar absolutamente *seguro* de que tendrá una buena cosecha en junio?", preguntas.

"No, no puedo. Hay demasiadas cosas fuera de mi control", dice. El granjero sabio sabe que si es fiel, puede sentirse confiado de tener una abundante cosecha: pero también admitirá con presteza que no hay garantías.

Eso abre otra serie de preguntas: "¿Qué pasa si decide no hacer nada en absoluto? ¿Qué pasa si no ara ni prepara el suelo? Qué pasa si no planta semillas ni aplica herbicida ni riega los campos? ¿Qué esperaría que sucediera en junio?"

"Oh, entonces, *sé* qué pasaría", dice el granjero con seguridad. "Sería como dispararme en mi pie. No tendría nada, ningún cultivo en absoluto".

Así pasa con la paternidad. Por un lado, puedes hacer tu parte aplicando los siete secretos de los padres eficaces y es probable que "obtengas una cosecha" de niños bien equipados que viven maravillosamente ante Dios, aunque no hay garantía de que esto acontezca. Por el otro lado, puedes optar por marchitarte frente a la incertidumbre y no aplicar ninguno de los principios de la paternidad que has aprendido en este libro o de otros hombres o de tu propia experiencia. Si optas en contra de hacer fielmente lo que sabes es tu deber hacer, entonces te has creado tu propia garantía como padre: la garantía del fracaso. Todos necesitamos aplicar los siete secretos de los padres eficaces y permitir, humildemente, que el resto siga siendo misterio.

Misterio y gracia

No tengo idea de qué es este octavo secreto. Flannery O'Connor define el misterio como algo que "no empieza salvo a una profundidad en que la motivación y la psicología adecuadas y las diversas determinaciones han sido agotadas".[2] El apóstol Pablo usa la palabra misterio para describir algo que "en otras generaciones no se dio a conocer a los hijos de los hombres, como ahora es revelado a sus santos apóstoles y profetas por el Espíritu" (Efesios 3:5).

Así, quizás un día sabremos muchos más secretos de los padres eficaces.

Por ahora, simplemente, vivamos con el misterio y, en realidad, es para mejor. Suelo preocuparme con que nuestra perspectiva científica espartana y rigurosa de la conducta humana haya permitido que se pierda el misterio de la vida. Sencillamente no podemos reducir la paternidad a una serie de pasos a prueba de tontos que conducen al éxito instantáneo. Esta clase de paternidad sería farisea y anularía la calidad de inquisitivos y la creatividad que cada padre puede aportar a la tarea. Así que confesamos con sinceridad que hay algunas cosas que no sabemos.

Si ser padre fuese una ciencia exacta, no necesitaríamos padres. El filósofo Platón propuso que se quitaran los hijos a sus padres inmediatamente después del nacimiento y que fueran criados por niñeras contratadas por el estado. Linda teoría pero ninguna sociedad le ha tomado la palabra: o ninguna sociedad así ha sobrevivido. Si la paternidad fuese una ciencia exacta, podríamos resolver la actual crisis de la carencia de padres de la misma manera en que resolvemos, digamos, las plagas de chinches. La gente sabia haría fortunas si pudieran inventar una máquina que fuera padre.

Así que el octavo secreto es un misterio.

Darle cabida a lo desconocido

Realmente es posible que cada uno poseamos este octavo secreto. Quizás no podamos expresarlo con palabras unos a otros o, ni siquiera, a nosotros mismos. En una de nuestras encuestas preguntamos: "¿Qué hace exitoso a un padre?" Recibimos una respuesta: Ahora, como investigador no te permites descartar ninguna de las respuestas que recibes pero me sentí tentado a hacerlo así con esta. Un individuo se puso de buen humor o se sintió literato o ambas cosas.

Pero mientras más pienso su respuesta "Un bote lleno de combustible y el vehículo enganchado a la casa rodante", mas intuyo que este hombre contestó en serio. Para este padre puede que esa sencilla verdad haya sido un secreto que compartían él y sus hijos. Si él le dijera su respuesta a uno de sus hijos adultos, el hijo probablemente sonreiría con un brillo en sus ojos, quizás asintiera con su cabeza y dijera: "Sí, papá, eso es lo que te hizo tan exitoso como padre mío". Podemos tratar de generalizar la respuesta y formular un comentario sobre los padres involucrados con sus hijos y que comparten intereses comunes, pero no lograríamos encapsular el misterio mágico de lo que fue esta experiencia para este papá y sus niños.

Clair Schnupp es un padre que sabe lo que quiero decir. Clair vive en Ontario, Canadá y tiene cinco hijas adultas. Cuando ellas eran niñas, y él trabajaba en una reserva de indígenas, él expresó su paternidad enseñándolas a volar. Las cinco hijas de Clair tienen licencia de piloto particular y pueden despegar y aterrizar aviones. Este fue para Clair un secreto o hecho compartido que él y sus hijas tenían en común. Pero, ¿aconsejarías a todos los padres que fueran a tomar lecciones de vuelo? No. Hay un misterio en eso. El misterio de Clair Schnupp el padre y sus cinco dulces hijas. El misterio de un bote con combustible y un vehículo enganchado a la casa rodante.

Supongo que un secreto que aprendí de mi padre fue comer helados. No sé que tenga que ver eso con el ser padre pero era un hecho que mi padre disfrutaba al compartir con sus hijos. Cada uno de nosotros, los niños, sabíamos muy bien que él iría a dar una vuelta en el verano y pasaría a propósito por el Dairy Queen hasta que uno de nosotros le suplicara pararse a comprar un helado. Era inevitable que él parara y satisficiera los deseos de sus hijos igual que los propios.

Había algo bueno en nuestro ritual de verano. Tiene que ver con el ser padre, el crecer y ser una familia, pero no puedo explicarlo. Es un misterio.

Cuando se trata de ser padre hay un secreto dentro de cada padre que él anhela expresar a sus niños y que, normalmente permite que se desarrollen algunos recuerdos compartidos entre padre e hijo. Este secreto puede ser el más profundo de todos ellos. Es la expresión individual del ser padre de cada hombre.

Si a cada uno nos ha sido dado este octavo secreto de ser un padre eficaz, entonces eso significa que el secreto —como el misterio de la vida misma— reside en definitiva dentro del corazón del Dios que nos creó. Él sabe lo que está haciendo. No es casual que tengamos los hijos que tenemos. La Biblia dice: "He aquí, herencia de Jehová son los hijos" (Salmo 127:3).

En su soberanía, eso también significa que nuestros hijos *en particular* —podemos llamarlos por su nombre— son también regalos del Señor. Él no nos dio a los niños equivocados, ni los dio a ellos al hombre equivocado. Eso significa que *tú* eres la única persona que Él designa para padre de *tus* hijos. Otros hombres pueden ser *padrastros* de tus niños, las escuelas pueden educar a tus hijos, tu esposa es la madre de tus niños y el gobierno puede adoptarlos pero sólo *tú* puedes *ser padre* de tus niños. *Tú* eres el único que posee ese secreto que Dios quiere llevar a cabo en las vidas de tus hijos.

Nos entregamos a la gracia de Dios. Hacemos lo que sabemos que Él quiere que hagamos y confiamos en Él para lo demás. Llegamos a ser padres dedicados que viven por fe.

La octava maravilla

Siete secretos. Siete tareas. Siete maravillas del mundo. No hace mucho tuve la oportunidad de hablar a cuarenta estudiantes básicos sobre el importante papel del padre. Cuando empecé mi charla les pregunté si alguno había estado en el Taj Mahal o en las ruinas de Éfeso. Ninguno había estado ahí. Mientras les explicaba de las siete maravillas del mundo antiguo todos parecían desinteresados hasta que les dije que podrían tener la oportunidad de visitar la octava maravilla del mundo.

Empecé a describir la preparación requerida para visitar esta octava maravilla. "Les costará mucho dinero, tiempo y sueño", dije, "pero verla es sencillamente magnífico". en efecto, la grandeza de esta maravilla hace palidecer, comparativamente, a las grandes pirámides de Egipto y a los jardines colgantes de Babilonia. Requiere unos nueve meses de preparación, pero cuando llega el tiempo, puedes ir a alistarte para la aventura. Tu equipaje está listo y te diriges al hospital local y esperas con paciencia que llegue esta maravilla. Hay una sensación de nervios y malestar que acompaña a la espera. Pero entonces llega el momento.

Cuando nace el bebé y ves que su primera respiración cambia el color de su cara, entonces sabes que has visto a la octava maravilla del mundo.

Ocho maravillas. Ocho secretos.

Un Dios de gracia.

Apéndice A

Acerca de la investigación

P ocas personas no estarían de acuerdo con la premisa que dice que los padres necesitan recursos y ayudas para optimar sus relaciones con sus hijos. Los recursos suelen desarrollarse después de la investigación. Así, la necesidad de organizar una respetable base de datos resulta vital. Con los nuevos datos y el aumento de la atención dada a la investigación sobre la paternidad, los profesionales pueden formar recursos para ayudar a los padres.

Desde 1987, la investigación del papel y la función de los padres empezó a tomar forma por medio de lo que ahora se llama *National Center for Fathering* (Centro Nacional de la Paternidad). Se emprendió de inmediato la revisión de la bibliografía yendo a fuentes que datan desde antes del 200 a.C. No sólo examinamos las más de 1.190 referencias bíblicas a los padres, la paternidad y a la falta de padre sino que revisamos otra bibliografía griega y egipcia pertinente. El libro *A Precedent to Parents* (Precedente para los padres) de Plutarco y el *Treatise for the Household* (Tratado para la familia) de Jenofontes estaban entre las obras que aún se imprimían en el siglo dieciséis. Su influencia no puede subestimarse. El *A Work for Householders* de Whitford tuvo seis ediciones en el siglo catorce. El posterior *Of Domestical Duties* de Gouge fue un libro popular dirigido a los jefes de hogar de Inglaterra, mientras que el *Pray for the Rising Generation* de Mather fue leído por los padres puritanos estadounidenses.

211

Las obras mencionadas distan mucho de agotar la lista de la bibliografía revisada. La existencia histórica de esta bibliografía ilustra la necesidad de consultar el cuerpo de materiales que ha existido por siglos. Esas obras históricas fueron, entonces, combinadas con los más de cuatro mil artículos de la prensa, disertaciones, extractos y libros sobre la paternidad que se han hecho en los últimos cuarenta años.

Luego de completar la exhaustiva revisión bibliográfica, hubo destacados profesionales y expertos en datos de la familia que discutieron el desarrollo de un instrumento para identificar los puntos fuertes y los débiles de la paternidad. El instrumento inicial procuró detectar veintisiete aspectos relacionados con la paternidad que fueron catalogados como importantes por la bibliografía y los expertos en la materia. Walter Schumm, doctor en filosofía, el doctor Robert Buckler, los doctores en filosofía Judson Swihart y George Rekers, el doctor en educación Carrol E. Kennedy, Susan Hawkes y Gary Klozenbucher, maestros en trabajo social, Gale Roid, doctor en filosofía y el autor revisaron tanto la teoría como el desarrollo del *"Fathering Styles Inventory"* (Cuestionario de los Estilos de Paternidad) que originó el *Personal Fathering Profile* (PFP) [Perfil Personal de la Paternidad].

Luego de la recopilación de datos (N=2066) se tomaron seis muestras consecutivas (N=3044) para aumentar la diversidad de la base general de datos y reforzar la confiabilidad del PFP. Se realizaron esfuerzos para abarcar todos los tipos y clases de padres: minorías, presos, militares, padrastros, sin la custodia de los hijos, y de otras culturas. También se consultó a expertos en la materia. El doctor en filosofía Emerson Eggerichs, David A. Simmons, D. Min., Paul Lewis, Charles T. Aycock y Paul Heidebrecht aportaron algo al desarrollo y recopilación iniciales de los datos.

Actualmente son más de cuatro mil los padres que han dado datos de sus propias experiencias para el análisis. Este material se ha recopilado por medio de entrevistas, respuestas a cuestionarios abiertos y escalas de desarrollo para evaluar a un padre y su paternidad. El informe de gran parte de los datos estadísticos puede hallarse en publicaciones de ciencia social, por ejemplo, *Psychological Reports*, etc.

La investigación continua sigue realizándose ahora para estudiar otros aspectos vitales de la paternidad. Esos aspectos comprenden la religiosidad, las influencias del ciclo vital, el ser padre en escenarios minoritarios, padres presos, padres militares, etc. La encuesta nacional, hecha al azar, será terminada en 1992. Los resultados de esos hallazgos se publicarán en revistas científicas y libros de interés general como este. El Centro Nacional de la Paternidad (The National Center for Fathering) también auspicia una conferencia nacional anual dedicada a establecer redes con otros líderes y paladines de los padres.

LA HISTORIA DE JENNIFER CAPRIATI

Desde que su padre empezó a prepararla para el tenis cuando tenía cinco años de edad, Jennifer Capriati ha hecho que todas sus rivales parezcan, bueno, como niños. Cuando irrumpió en la escena profesional a los catorce años, Capriati fue saludada como el futuro del tenis femenino. Ella firmó un contrato de respaldo por $6 millones (de dólares) antes de su primer partido. Ha llegado a los cuartos de final o a las semifinales de cuatro o cinco grandes torneos y fue calificada sexta entre las diez mejores del mundo a los quince años de edad.

Su padre Stefano, administra su carrera. Durante estos últimos dos años él la empujado y empujado, inscribiéndola en torneos y exhibiciones muy bien pagadas en todo el mundo, desafiando el límite de la cantidad de apariciones que puede hacer un tenista antes de cumplir los dieciséis. El la ha alejado de los eventos sociales normales que los adolescentes quieren vivir; él le ha negado su adolescencia en pro del lucro y llegar a ser la número uno.

En el mes de enero de este año, después de perder el Abierto de Australia a manos de una principiante de primera clase, Jennifer se derrumbó, estalló en llanto y dijo a un periodista que pensaba que todos la odiaban cuando perdía, pero en lugar de llevarla volando a casa para que estuviera con sus amistades, Jennifer fue llevada rápido a Hong Kong para una exhibición y, luego, a Japón, donde perdió 6-1, 6-2, jugando contra una tenista clasificada muy por debajo de ella.

Algunos creen que ella se considera un fracaso porque Stefano la ha llevado a pensar que perder siempre significa fracasar y ahora ha dejado de probar porque sólo quiere irse a casa, lo cual es muy razonable para una niña de quince años. El mundo de los deportes parece algo avergonzado. Stefano Capriati quería la fama para su hija y, quizás, los millones (de dólares) para su familia. Ahora tiene una hija adolescente exasperada y agotada.

Los padres de la fórmula como éste matan a la gallina para quedarse con los huevos de oro —los resultados— y, con demasiada frecuencia terminan por tener "huevos de gallina", es decir, nada.

Afortunadamente parece que Stefano Capriati está aprendiendo de lo que ha pasado. Hace poco ha dejado de dirigir la carrera de su hija, contratando a un entrenador profesional de tenis y a un administrador personal. Ahora puede concentrarse en un su papel de padre, donde Jennifer no sea más una superestrella millonaria del tenis sino sólo una niña adolescente que necesita mucha paciencia y comprensión.

Tomado de un libreto radial, John Feinstein, "Edición Matutina" del 6 de febrero de 1992, de la Radio Pública Nacional.

Apéndice B:

La falta del padre: Una epidemia nacional

Hay hoy en nuestro país 5,6 millones de niños menores de quince años que crecen sin padres.[1] *Papá no está en casa.* Quizás él fue un adolescente que se quedaba lo suficiente para embarazar a su amiga adolescente. Ahora, cuando esta madre le habla de él a sus hijos o a otra persona, lo hace con una mirada triste y una maldición en sus labios. Quizás papá se divorció de mamá y los niños lo ven en los fines de semana; o la empresa lo ha trasladado a la costa y los hijos tienen padre sólo un par de veces por año. Un estudio ha mostrado que por amigable que haya sido el divorcio, dos años después el papá divorciado típico tiene escaso o nulo contacto con sus hijos. Nos deja perplejos pensar que tres cuartos de todos los hijos del divorcio tienen menos de dos días mensuales de contacto con sus padres.[2]

O quizás no hubo divorcio. Quizás un día a la hora de la cena papá sencillamente se paró y anunció a su esposa e hijos: "Me voy". Y se fue. Y quedó un niñito —5,6 millones en realidad— que está de pie en la ventana, que limpia el vapor del vidrio y contempla la lluvia, esperando que papá venga a casa.

Naturalmente que hay más de una forma para que un padre esté ausente, más de una forma para que el niño no tenga padre. Esa cifra de más de 5 millones de niños no comprende a los que tienen padres que están emocional o mentalmente ausentes (*distantes* decimos), que seguramente sumarían varios millones más. Quizás están tan absortos en sus trabajos y las otras presiones que enfrentan cada día que no tienen tiempo para meterse en las vidas de sus hijos. Puede que nunca se hayan dado cuenta de que pueden ser una fuerza positiva en las vidas de sus hijos. O quizás nunca han estado lo suficiente con niños para sentirse cómodos al relacionarse con ellos.

De lo que estoy seguro es que la falta de padre es una crisis. En enero de 1992, el secretario de Salud y Servicios Humanos, Louis W. Sullivan, la catalogó como "el mayor reto de nuestra era para la familia".[3] Para el Día del Padre del año anterior, apareció un editorial del secretario Sullivan en los periódicos de los Estados Unidos. No decía que no nos engañáramos; esta crisis cruza la barreras de la raza y la clase para tocarnos a todos. Respecto del asunto del embarazo de las solteras, por ejemplo, 63% de los nacimientos de negros de 1988 fueron de madres solteras ¡Pensar que estamos presenciando que una gran comunidad estadounidense marcha a la casi total falta de padres! Igualmente asombrosa es la tendencia de los adolescentes *blancos* solteros que representaron un substancioso incremento de 81% de los nacimientos en las adolescentes solteras.[4]

Quizás podamos medir los efectos de la falta de padre en términos financieros. De nuevo con el asunto del embarazo de las solteras, los nacimientos en adolescentes solteras le han costado al público unos 22 billones de dólares.[5] Uno que trabaja con jóvenes de las pandillas de Los Angeles me ha dicho que el denominador común de estos pandilleros es la falta de padre en sus hogares. En efecto, esa es la atracción de las pandillas: "proporcionan la entrega y protección que falta debido a que les falta el padre".[6] Un columnista del *Washington Post* alega que "en medio de nuestro presente caos nacional, la paternidad es un programa de trabajo social efectivo sin costo para el cumplimiento de la ley".[7]

El impacto psicológico de la falta de padre en los niños es estremecedor. Los estudios demuestran que los niños que crecen en hogares donde no hay padre, tienen más probabilidades de:

- no terminar la enseñanza secundaria
- sufrir pobreza
- acogerse a la beneficencia pública
- casarse a temprana edad
- tener hijos sin casarse
- divorciarse
- cometer delitos
- meterse en la droga y el uso del alcohol.[8]

Hay otra medida del daño que hace la falta de padre, una con la cual puedes identificarte de inmediato. Verás, es realmente imposible que un padre esté verdaderamente ausente; parte de él está siempre ahí aunque en el hogar sin padre, él ha renunciado a su derecho de representarse a sí mismo, y a menudo, es traspasado a un fantasma o a un espíritu que pena o, como diría alguno, a un demonio. Ninguna estadística puede medir adecuadamente el monto del dolor causado por el padre ausente.

La investigación nos dice que el padre influye en muchas formas en el niño; muy notoriamente el padre influye en lo siguiente:

- la habilidad intelectual de sus hijos
- la conducta que modelarán sus hijos
- el trasfondo genético que reciben sus hijos
- el legado étnico de sus hijos y su posición en la estructura familiar
- las opciones ocupacionales que efectúen sus hijos
- los recursos materiales que queden a sus hijos cuando él se va (muere)
- la manera en que se portarán sus hijos con su propia descendencia

- las actitudes que sus hijos tendrán para sus propios niños
- los recuerdos que sus hijos tendrán después que él muera o se separe de la familia[9,10]

¡Qué tremendo el potencial que tenemos los padres en las vidas de nuestros hijos!

Hay una enorme cantidad de estudios científicos que documentan el crítico papel del padre. Sin embargo, hay un aspecto tenebroso en esto. Estas consecuencias de los hogares sin padre son como un incendio que arde en nuestra cultura. Este incendio ha destruido la vida humana y la propiedad y ha devastado lo que fue un escenario bello. En el foco de este incendio se encuentran los amargos sentimientos y la desconsiderada indiferencia respecto de nuestro recurso más preciado: nuestros hijos. Todos hemos sido niños y conocemos la intensidad de esta hoguera, para ni hablar del potencial de desastre futuro que tiene.

Henri Nouwen predijo acertadamente este incendio hace veinte años cuando dijo que esta generación presente sería una generación sin padres, una sociedad de orfandad. Nouwen, sacerdote católico, miró atentamente los ojos de la juventud y previó el infierno venidero.[11] Hubiera deseado que Nouwen se hubiera equivocado pero este fuego ardiente de nuestra cultura sigue dejando a muchos sin hogar. Necesitamos primero, padres y, segundo, hombres para apagar las hogueras de la orfandad. *Tú* eres crítico para esta tarea.

El poder potencial de nuestros papeles de padres es, para la mayoría de nosotros, *más poder del que nunca poseeremos en algún otro aspecto de nuestra vida.* Asusta, pero también entusiasma. Es inmensamente satisfactorio cuando usamos sabiamente ese poder, como los héroes que luchan por los futuros de sus hijos pero también puede ser tan destructor: los efectos de la falta de padre pueden atormentar a un hombre y a sus hijos por el resto de sus vidas.

Probablemente tú y yo nunca iremos a la Casa Blanca para nada que no sea un paseo. Puede que no encontremos nuevos remedios en el laboratorio de investigaciones médicas. Pero tú yo estamos criando a los padres y a los líderes del siglo veintiuno, y creemos que tienen el potencial para realizar eso con que nosotros sólo podemos soñar. El ánimo, la enseñanza, la disciplina y el afecto que damos a nuestros hijos estarán dando fruto mucho después que nosotros hayamos muerto: muy posiblemente aun mucho después que nuestros hijos y los hijos de los hijos se hayan ido.

Para bien o para mal estamos, literalmente, dándole forma al futuro.

El futuro es tus hijos. La opción es tuya.

Apéndice C:

El Centro Nacional de la Paternidad

El Centro Nacional de la Paternidad (The National Center for Fathering) pone a tu disposición la misma encuesta que pasamos a los cuatro mil hombres de nuestra base de datos de la investigación. Cuando nos envíes nuestro cuestionario de 168 preguntas a nuestras oficinas, te devolveremos un informe computarizado de doce páginas que te dará la información de cómo andas con los siete secretos y más. Te daremos material programado, lo más importante, puede servirte para dirigir un pequeño grupo de padres.

Para más información sobre cómo comprar el *Personal Fathering Profile* (Perfil Personal de la Paternidad) y el programa para el grupo de padres, ten la amabilidad de llamar o escribir a:

The National Center for Fathering
P. O. Box 1918
Manhattan, KS 66502
(913) 776-4114

LA HISTORIA DE MIKE HARPER

Me llamo Mike Harper. Nací el 12 de noviembre de 1967, en Anderson, Indiana. Fui un bebé sano, en nada diferente de la mayoría de los bebés. Lo que era desacostumbrado fue que la mujer que me dio a luz era sólo una niña. Mi madre tenía quince años. Era una niña teniendo un niño.

Hubo otra cosa en esta situación. Los padres de mi madre estaban ahí igual que su hermana mayor, pero ¿dónde estaba mi padre? Por supuesto que hubo un hombre que después se casaría con mi madre pero él no era mi padre.

Así que ahí está mi madre a los quince años, teniendo un bebé sin el apoyo ni ayuda del hombre que la ayudó a concebirme. Siendo una niña ella no estaba lista para ser madre. Ella le dio un tiro a la maternidad.

Mi madre se casó con el hombre que estaba con ella en mi nacimiento cuando llegó el momento oportuno, pero esta relación no funcionó y se divorciaron. Su matrimonio duró sólo poco tiempo. A su edad ella no era suficientemente responsable para ser madre, esposa y persona.

Mis abuelos se preocuparon mucho por mi cuidado y mi futuro y se ofrecieron para adoptarme, con lo que mi madre estuvo de acuerdo, y así, desde los tres años fui criado por mis abuelos. Esto fue una oportunidad para que mi madre creciera y se volviera una persona más responsable y me permitió recibir mejor cuidado y tener un entorno y futuro más estables.

Estos hechos de la adopción y de quién era mi madre nunca se me ocultaron. Crecí sabiendo y visitando a mi madre durante el verano. Crecer con mis abuelos fue muy gratificante, pero era una situación diferente de la de otros niños. Sabía que mis abuelos eran mucho mayores que los padres de otros niños. Ellos no podían participar tanto como los otros padres debido a su edad. Cuando recibía las tarjetas informativas en la escuela, solía confundirme en la primera línea. Pedían "nombre del padre". Aunque sabía escribir el nombre de mi abuelo acostumbraba a pensar en la pregunta "¿quién es mi padre real?"

En la escuela intermedia me involucré más en las actividades después del horario regular. Quería el apoyo de mis abuelos, especialmente el de mi abuelo, para mis actividades atléticas. Aunque me apoyaban lo más que podían, esto me hizo preguntarme aun más, quién era mi padre.

Mientras cursaba el octavo año, mi abuela enfermó y murió. Esto fue muy duro para todos nosotros. Esta experiencia nos lanzó a mi abuelo y a mí a una relación más estrecha. Íbamos a pasar los próximos años viviendo juntos como dos hombres que cuidan de sí mismos y uno del otro. Yo no tenía otra opción sino realmente conocer al hombre que había sido "mi padre" desde mis tres años.

Como mi abuelo y yo crecimos juntos, empecé a darme más cuenta de cuáles eran sus cualidades y lo admiraba por ellas. Él era un hombre muy severo que no vacilaba para disciplinar a un nieto. Yo podía ver a través de toda su tozudez el amor y el gozo que él tenía. Él era un tierno osito de juguete por dentro y un individuo muy sabio que se ponía muy jocoso y siempre podía hacerme reír.

Mi madre había decidido volver a casa debido a razones económicas. Había vivido en Las Vegas donde se involucró en problemas de dinero por el uso de drogas. Terminó escapando de eso. Desde que yo había sido adoptado, ella había mantenido una relación amorosa con un hombre de otra raza, de quien tenía dos hijos más. Costó bastante aceptar eso a la mayoría de mi familia más inmediata, pero realmente a mí me importó poco.

La relación con mi abuelo y regreso de mi madre a nuestra casa me hizo considerar con más importancia mi pasado. Pero nunca me dediqué a ese asunto pensando que quizás había algo que no debía saber o que me dirían pronto o más adelante. Ciertamente cuando cumplí los quince me hablaron de mi padre biológico. Visitamos la tumba de mi abuela y mi madre me llevó a la tumba de mi padre.

La gran parte de la historia se desplegó ese día, con pecados agregados desde entonces. Tal parece que mi padre era un niño que mi madre conoció en la iglesia. Se relacionaron pero nunca asumieron como pareja la responsabilidad que les correspondía por mí. Llegó la hora en que siguieron caminos separados. La senda de mi padre lo llevó a Vietnam donde se volvió adicto a las drogas. Volvió a su casa casado y tuvo tres hijos. No pudo romper el hábito de las drogas. Este hábito lo llevó a robar en una tienda, y en ese proceso, le dispararon matándolo.

Me alivió tanto conocer la verdad de mi padre. Finalmente supe quién y qué y cómo era. Aunque me alivió mucho saber todo esto, todavía no tenía un padre como todos los demás. Me sentía deprimido y descorazonado porque no tenía un padre.

La vida prosiguió y yo hice buenas amistades en mis años de la enseñanza media y superior. Tuve amigos de elevada moral y me atrevía a ser diferente de los demás que no podían esperar para ir a una fiesta. También me relacioné con una niña que era hija de un pastor. Su familia fue un tremendo ejemplo de lo que debe ser una familia. Me pegué a ellos y llegué a ser íntimo.

Mi relación con mis amigos me mostró la manera en que quería actuar. Dos amigos míos eran un poco diferentes. Supe que eran cristianos. Nunca pensé mucho en esto porque pensaba que yo era un buen muchacho. Estaba bien con mi situación. Después me enteré de que mi amiga era cristiana y que deseaba que yo conociera personalmente a Dios. Yo tenía mi mente cerrada a esa idea y lo rechacé totalmente. Nuestra relación continuó pero nunca fue la misma.

En todo ese tiempo era más independiente como persona. No pasaba mucho tiempo con mi familia y mi abuelo, que se enfermó cuando yo estaba en el último año de la escuela, le diagnosticaron cáncer. Me golpeó mucho y no sabía a qué atenerme. Su enfermedad duró tres meses. Destruyó totalmente a este hombre tan fuerte. Lo redujo a una persona que necesitaba cuidado durante las veinticuatro horas. La familia lo atendió durante esta época. Yo no quería, en realidad, meterme en esta dificultad así que no ofrecí mucha ayuda. El hombre que conocí como mi padre durante toda mi vida se iba a morir pronto.

Pasé la última semana de su vida en casa con él, tratando de pensar que más podía hacer por él. Él me había dado tanto, y ahora no me iba a dejar devolverle algo. Su muerte fue lo peor de mi vida. Ya no tenía padre. Estaba muy solo. Empecé a preguntarme ¿qué voy a hacer con mi vida? Y ¿qué va a pasar cuando me muera?

Esto siguió durante mi primer año en la universidad. Llegó el momento de romper con mi amiga de la escuela pero me acerqué más a otro de mis amigos cristianos de la escuela. Veía su vida cada día. Él confiaba en Dios diariamente y tenía una forma especial de tratar con las ansiedades y las presiones. Más que nada él tenía a alguien con quien hablar y estar espiritualmente. Él sabía dónde iba. Yo deseaba tener esos mismos sentimientos y confianza. Llegó el momento en que me presentaron clara y concisamente el Evangelio. Supe que Dios me acepta como soy. Dios me moldearía y cambiaría. Él me criaría como hijo adoptivo.

Deseé inmediatamente saber más de Él. Empecé a leer la Biblia y a orar. Mis dos amigos cristianos eran un gran apoyo. Yo he sido como un niño y me he caído unas cuantas veces pero Dios ha estado ahí para levantarme.

Dios me ha mostrado sus aspectos de padre. Él ha sido el proveedor desde que su plan para mí tomó forma dejando que mis abuelos me adoptaran. Si hubiera estado con mi madre estoy seguro de que no hubiera podido ir a la universidad ni seguir con mi educación. Porque Dios me permitió esa oportunidad ahora tengo un futuro más seguro.

He sido bendecido al unirme a la Cruzada Estudiantil para Cristo. He desarrollado mi relación con Dios en forma espectacular por medio de esta organización. He podido ser discipulado por un miembro del personal y he asistido a numerosas conferencias de entrenamiento y convivencia con otros estudiantes universitarios.

La sola cualidad que más admiró y a la cual me aferro es el amor de Dios. Al estudiar que Dios es amor, veo más cómo Dios quiere que conozcamos ese amor, ¡por encima de todo lo demás! Su amor es infinito y eterno para quienes lo conocen. Él desea que nosotros entablemos una estrecha relación con Él. Mirar hacia atrás en mi vida es mirar el amor que Dios me ha mostrado. Él me escogió a mí para representarlo, de entre todos los de mi familia. Él me ha puesto en una situación única en que puedo mirarle como padre. Él ha tejido un plan perfecto para mi vida y me ha resguardado de aquello que sólo Él conoce. Su amor estuvo siempre ante Él mientras seguía llegando a mí cuando yo no le conocía. Desde que he llegado a conocerle, me ha dado sentido. Me ha dado la oportunidad de ayudar a cambiar las vidas de las personas presentándolas a su Padre celestial. Cuando la gente se encara a la misma situación (que yo) o parecidas, puedo mostrarles un Padre en quien confió el rey David: "Mi padre eres tú, mi Dios, y la roca de mi salvación" (Salmo 89:26).

Notas

Capítulo 1. La voces de los padres eficaces

1. Sara McLanahan y Karen Booth, "Mother-Only Families: Problems, Prospects, and Politics", *Journal of Marriage and the Family* 51 (1989): 557-580.

2. *The American Family Under Siege* (Family Research Council, 1989), 1.

3. Bud Greenspan, "The Greater Part of Glory", *Parade Magazine, abril 21 de 1991, 5.*

Capítulo 2. Aplicando los siete secretos

1. Emerson E. Eggerichs, Jr., *A Descriptive Analysis of Strong Evangelical Fathers* (1992). Disertación para el doctorado sin publicar. Universidad Estatal de Michigan, sede de East Lansing.

2. Dallas Willard, *Spirit of Discipline* (San Francisco: Harper, 1988), 138.

3. Pete Rose, "SuperJock Pete Rose Talks About Women, Divorce and Fatherhood," *MS* (junio de 1983), 68.

Capítulo 3. Secreto 1: La entrega

1. Christopher DeVinck, *The Power of the Powerless* (Nueva York: Doubleday, 1983), 13.

2. Michael Lamb, *Fathers and their Families* (Hillsdale, N.J.: Analytic Press, 1989), 16.

3. Bonnie Blair, entrevista, CBS Sports (febrero 10 de 1992).

4. Arman M. Nicholi, George Rekers, ed., *Family Building* (Ventura, California: Regal Books, 1985), 52.

5. Ibid

6. Nicky Marone, *How to Father a Successful Daughter*, (Nueva York: Ballentine Books, 1988), 65.

7. Ted Engstrom, *The Pursuit of Excellence* (Grand Rapids: Zondervan Publishing, 1982), 52.

8. Doctor Martin Greenberg, *The Birth of a Father* (Nueva York: Continuum, 1985), 18.

Capítulo 4. Secreto 2: Conociendo a tu hijo

1.William Whately, *A Bride-Bush or a Direction for Married Persons* (Londres: STC25299, 1619), 15.

2. Josh McDowell y doctor Norm Wakefield, *The Dad Difference* (San Bernardino: Here's Life Publishers, 1989), 12.

3. Bernie May, "Learning to Scan", *In Other Words* (Huntington Beach: Wycliffe, 16:3), 8.

Capítulo 5. Secreto 3: Ser consecuente

1. Erma Bombeck, *Family-The Ties that Bind...and Gag!* (Nueva York: McGraw Hill, 1987), 2.

2. Gordon Dalbey, Seminario Healing the Masculine Soul, Manhattan, KS, marzo 23 de 1991.

3. El Talmud, Sukkah 46B.

4. Sue Schellenbarger, "Men Find More Ways to Spend Time at Home," *The Wall Street Journal,* febrero 12 de 1992, B1.

Capítulo 6. Secreto 4: Proteger y proveer

1. Richard Llewellyn, *How Green Was My Valley* (New York: Macmillan, 1940), 2-3.

2. Ruth Calkin, *Lord, It Keeps Happening and Happening* (Wheaton, Ill: Tyndale House Publishers, 1984), 84.

3. Glen Elder, *Children of the Great Depression* (Chicago: University of Chicago Press, 1974), 291.

Notas

4. Charles A. Corr and Joan N. McNeil, *Adolescence and Death* (Nueva York: Springer Publishing Co., 1986), 138.

5. John A. McAdoo, "Black Perspective on the Father's Role in Child Development," *Marriage and Family Review* 9:4 (1987): 117-133.

6. Vonnie McLoyd, "Socialization and Development in a Changing Economy," *American Psychologist* 44 (1989): 293-302.

Capítulo 7. Secreto 5: Amar a la madre de sus hijos.

1. Family Research Council, *The American Family Under Siege* (Washington, D.C.: U.S. Government Printing Office, 1989).

2. U.S. Bureau of the Census, *Statistical Abstracts of the United States: 1950-1988* (Washington D.C.: U.S. Government Printing Office, 1950-1988).

3. Asa Baber, "Decade of the Dad", *Playboy* (enero de 1990),33.

4. Judith Wallerstein, *Second Chances* (Nueva York: Ticknor and Fields, 1989), 297-300.

5. Sara McLanahan and Karen Booth, "Mother-Only Families: Problems, Prospects, and Politics", *Journal of Marriage and the Family* 51 (1989) 557-580.

6. Gene Brody "Marital Quality and Mother-Child and Father-Child Interactions with School-Aged Children" *Developmental Psychology* 22 (1986): 291-296.

7. W. D. Erickson, "The Life Histories and Psychological Profiles of 59 Incestuous Stepfathers" *Bulletin of the American Academy of Psychiatry and the Law* 15 (1987): 349-357.

8. Shill Levy, "Antecedents of Fathering: Some Further Exploration," *Developmental Psychology* 24 (1988): 434-440.

9. Bette Runch, "Families in Hard Times: A Legacy," *Families Today* (Washington: Department of HEW, 1979), 49.

235

10. William Whately, *A Bride-Bush or a Direction for Married Persons* (Londres: STC25299, 1619), 15.

11. Lee Horton, "The Father's Role in Behavioral Parent Training: A Review," *Journal of Clinical Child Psychology* 13 (1984): 274-279.

Capítulo 8. Secreto 6: Escuchar activamente

1. Paul Tournier, *To Understand Each Other* (Atlanta: John Knox Press, 1967), 8. Citado en *What Kids Need Most in a Dad* por Tim Hansel (Old Tappan, NJ: Fleming H. Revell, 1984), 167.

2. Ross Campbell, *How to Really Love your Child* (Wheaton, Illinois: Victor Books, 1979), 56.

3. Gerard Egan, *The Skilled Helper* (Belmont, Calif.: Brooks/Cole, 1986), 73-93.

Capítulo 9. Secreto 7: Equipamiento espiritual

1. Cynthia Clark, "The Transmission of Religious Beliefs and Practicas for Parents to Firstborn Early Adolescent Sons," *Journal Of Marriage and the Family* 50 (mayo de 1988): 463-72.

2. Robert J. Samuelson, "How Our American Dream Unraveled,". *Newsweek* (marzo 2 de 1992), 38.

3. Dean Merrill, *Together at Home* (Nashville: Thomas Nelson, 1985), 194.

4. William Gouge, *Of Domestical Duties* (Londres: STC12119, 1622), 18.

5. John Bunyan, *Grace Abounding to the Chief of Sinners* (Londres: Allen & Urwin, 1907), 50.

6. Richard Baxter, *Practical Works* (1673: 4:231).

7. Gordon Dalbey, *Healing the Masculine Soul* (Dallas: Word, 1988), 174-175.

8. Ibid, 175.

9. Ibid, 180.

10. Dave Simmons, *Dad the Family Coach* (Wheaton, IL: Victor Books, 1991), 40.

11. Roberts Hicks, *Uneasy Manhood* (Nashville: Thomas Nelson, 1991), 134.

Capítulo 10. El octavo secreto

1. Tony and Bart Campolo, Things We Wish We Had Said (Dalla: Word, 1989), 37.

2. Flannery O'Connor, Sally and Robert Fitzgerald, eds., *Mystery and Manners* (New York: Farrar, Strauss, Giroux, 1961), 4.

Apéndice B. La falta del padre : Una epidemia nacional

1. Pat Wingert y Patricia King, "And What of Deadbeat Dads?" (Newsweek, diciembre 19 de 1988, 66.

2. Louis W. Sullivan , "Absentee Fathers Tarnis of Tradition of Father's Day," *The Allen American*, junio 16 de 1991, A9.

3. "Report Calls Lack of Fathers' Greatest Family Challenge," *The Orange County Register*, enero 10 de 1992, A7.

4. Sullivan, 1991.

5. Sullivan, 1991.

6. Wayne Perriman, título de la conferencia "Gangs: Counterfeit Families and Fathers," abril 13 de 1991.

7. Jack Kammer, "Winning Votes by Saying Some Good Things about Father.s." *Washington Post,* septiembre 21 de 1991.

8. Sara McLanahan y Karen Booth, "Mother-Only Families: Problems, Prospects, and Politics," *Journal of Marriage and the Family* 51 (1989): 557-580.

9. Marshall L. Hamilton, *Father's Influence on Children* (Chicago,Ill., 1977).

10. Nelson Hall, A. J. Hawkins y J. Belsky, "The Role of the Father Involvement in Personality Change in Men across the Transition to Parenthood", *Family Relations* 38 (1989), 378.

11. Henri J. M. Nouwen, *The Wounded Healer* (Nueva York: Doubleday, 1972), 27.

Una guía para
el estudio en grupos

La siguiente guía ha sido
preparada para usarla en
grupos pequeños .
Las preguntas corresponden
al contenido de cada capítulo.
Confío que ellas te sean útiles
al considerar la tremenda
oportunidad que tienes para
moldear a los líderes de
las generaciones futuras

Sesión uno: Las voces de los padres eficaces

Esta sesión contempla la importancia de los padres. Recurre a la experiencia de tu propia niñez y procura entender por qué eres padre de la manera en que lo eres.

---

1. Al pensar en tu papel de padre, identifica a dos hombres a quienes respetes por su entrega como padre. ¿Qué respetas específicamente de ellos?

---

2. ¿Quién te ha preparado más para la tarea de ser padre?

---

3. ¿Qué prioridad le das a la paternidad con respecto a las otras funciones importantes que desempeñas? ¿Qué usas para justificar esas prioridades?

4. ¿Estás de acuerdo con la declaración que dice que debe aprenderse a ser padre? De ser así, ¿cómo aprendes más para llegar a ser un mejor padre?

5. ¿Qué esperanzas tienes para tus hijos? ¿Qué clase de personas quieres que sean cuando sean grandes? Sé específico si puedes.

Sesión dos: Aplicando los siete secretos

El jugador de béisbol puede cambiar esporádicamente su estilo de batear; el joven escritor procura desarrollar un estilo efectivo para escribir. Estos pueden ser ajustes tangibles muy técnicos, a menudo con la ayuda de entrenadores y profesores. De igual manera, hay maneras prácticas y productivas en que podemos mejorar nuestra paternidad cuando estemos dispuestos a pedir ayuda de los demás y a hacer la obra que sea necesaria.

1. ¿Cuáles son los dos pasajes de la Esritura que más te han dado ánimo como padre?

2. La gente tiene planes financieros para revisar su valor neto en el curso del tiempo. Alguien puede tener un plan de ahorros o un plan presupuestario. ¿Por qué no tener un plan para ser padre? ¿Qué clase de plan tienes para reforzar tu paternidad? ¿Cómo sería un plan así? ¿Qué recursos podrías usar para desarrollar un plan?

3. Si tus hijos fueran capaces de darte información acerca de tu paternidad, ¿qué aspecto te animarían a mejorar?

4. ¿Cómo crees que el principio de la responsabilidad de rendir cuentas se relaciona con el papel de padre? ¿Es importante?

5. ¿A quién le rindes cuentas por tu paternidad? ¿Quién está pendiente de tu forma de entrenar a tus hijos?

Sesión tres: La entrega

Bajo juramento todos diremos que nuestros hijos son importantes para nosotros pero, con la paternidad sucede que la verdadera entrega toma los sentimientos y los vuelve acciones; hace que las prioridades *declaradas* sean prioridades visibles *del estilo de vida.*

1. ¿Quién es el padre más entregado que conoces? ¿Qué te impresiona de su entrega?

2. ¿Te dijo alguna vez tu padre que él estaba entregado a ti? ¿Cómo expresaba su entrega? ¿Cómo te hacía sentir?

3. ¿Cuándo decidiste que ibas a ser un padre entregado? ¿Qué te dirigió a ese punto particular?

---

4. Describe en qué forma la televisión, el sistema de las escuelas públicas y el gobierno federal están, cada uno, siendo padres activos de los niños de los Estados Unidos.

---

5 ¿Cuáles son algunas figuras de padre que afectan tu paternidad (por ejemplo, un líder de tu iglesia, un tío, etc)?

---

6. ¿En que forma expresas diariamente tu entrega a tus hijos?

Sesión Cuatro: Conociendo a tu hijo

¿Alguna vez sientes como que las cosas que tratas de hacer por tus hijos están devolviéndose a ti, y parece que nunca hubieras acertado? Conocer a tu hijo influirá tus acciones, de modo que tú —y tus hijos— puedan obtener el máximo de sus esfuerzos.

---

1. ¿Dónde aprendiste más sobre la crianza de niños? ¿Cuáles son algunos de tus recursos de información y consejo?

---

2. ¿Qué hace diferente a tu hijo de los otros niños de la misma edad? Sé concreto.

---

3. ¿Cuáles dones o talentos tiene tu hijo que sean diferentes de los tuyos?

4. ¿Cuáles son las formas en que puedes aprender más de tus hijos "con miras a ejecutar lo aprendido"?

5. Haz una lista de los puntos principales en que tienes que involucrarte directamente cuando se trata de asegurar que tus hijos tengan conciencia (por ejemplo, drogas, finanzas, política, etc.)

6. ¿Cuáles son algunos indicadores que sugieran que tu hijo pueda estar luchando con las drogas o que tenga relaciones sexuales?

7. ¿Cuáles son algunas situaciones en que un padre intruso probablemente se entrometa donde en realidad no tiene nada que hacer?

Sesión cinco: Ser consecuente

Cada pequeño "cartógrafo" necesita un ambiente estable. Nuestros hijos necesitan que seamos constantes y predecibles en nuestra persona, acciones y hábitos.

---

1. Haz una lista de algunos aspectos en que tus hijos recurren a ti en busca de constancia.

---

2. Ser consecuente es sinónimo de confianza. ¿Cómo puede reforzar la confianza de tus hijos en ti el hecho de que te vuelvas consecuente?

---

3. ¿Cuáles son las tres cosas que tu padre hizo consecuentemente contigo a través del tiempo? ¿En qué deseabas que él hubiera sido consecuente?

4. ¿Cómo percibes a Dios como padre consecuente? ¿Específicamente qué hace Él para demostrar que es consecuente?

5. Si un padre se divorcia y no tiene la tutela de sus niños, ¿cómo puede comportarse en forma consecuente con sus hijos? ¿Cuáles son algunas cosas prácticas que puede hacer?

Sesión seis: Proteger y proveer

Dios sabía lo que hacía cuando nos hizo hombres, y uno de los dones que nos ha dado es la necesidad y la habilidad de proteger a nuestra familia y proveer para ella. Tus sentimientos de hombre son básicos para ser protector y proveedor eficaz.

1. La manera en que tu bisabuelo proveyó y protegió a su familia era diferente de lo que hacen hoy los padres. ¿En qué formas tienes que proveer y proteger a tu familia que no tuvo que hacer tu bisabuelo? Qué tuvo que hacer tu bisabuelo que tú no tienes que hacer?

2. ¿Cuál es o fue la crisis más dura que has tenido que enfrentar como padre? ¿Que te ayudó a pasar por ella?

3. ¿Cuál crisis viste, cuando eras niño, que tu padre o madre soportaban? ¿Qué viene a tu mente cuando recuerdas esa experiencia?

4. ¿Cómo se relaciona tu función de proveedor financiero con tu satisfacción de padre?

Sesión siete: Amar a la madre de ellos

Algunos académicos y psicólogos han dedicado toda su vida a estudiar la relación matrimonial. Obviamente un capítulo no puede cubrirla por completo, pero por lo menos, debemos apreciar el gran significado que puede tener un matrimonio sólido para tus hijos.

---

1. ¿Qué palabra gráfica describe mejor tu relación con tu esposa?

---

2. ¿En qué formas has observado que tu relación conyugal afecta a tus hijos?

---

3. Cuando has visto que una pareja trabajan juntos como equipo para entender a sus hijos, ¿cuáles son los resultados positivos que has observado?

4. ¿Cuáles son los conceptos que has obtenido de tu esposa que te hayan servido para reforzar tu relación con tus hijos?

5. ¿Cuáles son algunos de los efectos del divorcio que has observado en los niños?

6. ¿Cómo describirían tus hijos la relación que tienes con su madre?

7. ¿Cuándo fue la última vez que tuviste la oportunidad de estar a solas con tu esposa durante más de doce horas, sin los niños?

Sesión ocho: Escuchar activamente

Escuchar activamente es para nuestra paternidad lo que la Biblia es para nuestra vida espiritual: nos da un cuadro exacto de lo que tenemos que estar haciendo. Si somos buenos escuchadores, probablemente mejoren todas las otras tareas de ser padre.

---

1. ¿Quién es el mejor escuchador que conoces? ¿Qué cosas específicas de esa persona te llevaron a mencionarlo aquí?

---

2. ¿Cuáles son las principales distracciones que nos impiden ser los escuchadores que Dios quiere que seamos?

---

3. Describe la diferencia entre escuchar activamente y ser un escuchador pasivo.

4. ¿Dónde hay pocas o ninguna interrupciones en tu casa?

5. Piensa en alguna ocasión en que estabas hablando con alguien y él o ella parecía preocupado. ¿Cómo te hizo sentir eso?

Sesión nueve: Equipamiento espiritual

La Biblia nos urge a que criemos a nuestros hijos "en disciplina y amonestación del Señor" (Efesios 6:4). Esto abarca mucho más que ir a la iglesia el domingo por la mañana.

1. ¿Dónde están aprendiendo acerca de Dios tus hijos?

2. Haz una lista de las maneras en que influyó tu relación con tu padre sobre la percepción que tienes de Dios.

3. ¿Cuál es la mayor dificultad que tienes al tratar de guiar espiritualmente a tus hijos?

4. ¿Qué lugar piensas que debiera tener la adoración en la tarea del equipamiento espiritual de tus niños?

5. ¿Qué pueden hacer juntos un padre y una madre para equipar espiritualmente a la presente generación para el servicio futuro?

Sesión diez: El octavo secreto

Así como no podemos entender todo acerca de Dios, no podemos decir que manejamos todos los secretos de la paternidad. Al final, ser padre es una experiencia del misterio y la gracia.

---

1. ¿Te extendió gracia alguna vez tu padre? ¿Cómo lo hizo?

---

2. ¿En qué aspectos o situaciones te has encontrado con algo que desconoces acerca de la paternidad?

---

3. Además de los siete secretos de los padres eficaces, ¿qué secretos agregarías tú?

4. ¿Quién te ha extendido la mano de la gracia en la tarea de ser padre? ¿Qué efecto ha tenido ese acto de gracia en tu relación con la persona?

5. Cuando reflexionas en lo que sientes por tus hijos, ¿cuáles son las esperanzas y los temores que surgen cuando consideras la maravilla de la paternidad?

Sesión once: Repaso

Reflexiona sobre las ideas que este libro ha presentado, cómo se aplican a lo que sabías antes y cómo planeas seguir adelante en tu paternidad.

1. ¿En cuál de los siete secretos de los padres eficaces eres más hábil?

2. ¿Cuál secreto fue nuevo para tu concepto sobre la paternidad o cuál tuviste que aprender de nuevo?

3. ¿Cuál secreto falta a tu forma de ser padre que te gustaría agregar?

4. ¿Qué otros materiales o recursos te han animado como padre?

5. ¿Qué planes de verificación tienes para mantener en buen orden tu paternidad?

Sesión doce: La falta del padre: Una epidemia nacional

En el sentido que yo creo que Dios concibió la paternidad, ésta se extiende mucho más allá de nuestro hogar. El ser padre puede volverse una forma de alcance, un medio por el cual los cristianos pueden afectar, fuerte y santamente a nuestra sociedad.

---

1. Identifica a tres niños que sepas no tienen padre.

---

2. ¿Qué puedes hacer para llegar a los niños sin padre?

---

3. ¿Describe cómo la situación actual de la falta de padre ha afectado a nuestra cultura, comunidades y hogares